Hubert Ermisch

Die Chronik des Regino bis 813

Eine Quellenuntersuchung

Hubert Ermisch

Die Chronik des Regino bis 813
Eine Quellenuntersuchung

ISBN/EAN: 9783743625976

Hergestellt in Europa, USA, Kanada, Australien, Japan

Cover: Foto ©ninafisch / pixelio.de

Weitere Bücher finden Sie auf **www.hansebooks.com**

DIE

CHRONIK DES REGINO

BIS 813.

EINE QUELLENUNTERSUCHUNG

VON

Dr. HUBERT ERMISCH.

GÖTTINGEN 1872.

RENTE'SCHE BUCHHANDLUNG.

(A. DREITHAUPT.)

Gewidmet

meinen theuern Eltern.

Wenige Geschichtswerke des Mittelalters erfreuten sich einer so weiten Verbreitung wie die Chronik Reginos, des Abtes von Prüm. Sie war Jahrhunderte lang neben Hieronymus und Beda, neben Marianus Scotus und Ekkehard eines der Hauptlehrbücher, aus denen die Lernbegierigen jener Zeit ihre Kenntnisse schöpften. Das beweist nicht allein die grosse Zahl der uns überlieferten Handschriften; sondern wohin wir auch unsern Blick wenden, fast überall finden wir in den Geschichtswerken aus der ersten Hälfte des Mittelalters Bekanntschaft mit dieser Chronik. Der Verfasser der Annales Mettenses entnahm aus ihr den grösseren Theil seines Werkes; der Annalista Saxo oder richtiger seine (Nienburger?) Quelle[1]) schrieb sie von 741 an fast wörtlich ab. Wenn die vielbelesenen Weltchronisten des 11. und 12. Jahrhunderts, Hermann von Reichenau, Marianus Scotus, Sigebert von Gembloux, Hugo von Flavigny, Otto von Freising[2]) sie benutzten, so kann uns diess nicht wundern; auch bei den Gesta Trevirorum scheint die Bekanntschaft mit einem in Trier geschriebenen Werke natürlich; aber selbst Cosmas

---

1) Vgl. C. Günther, Die Chronik der Magdeburger Erzbischöfe. Diss. Göttingen 1871. 63 ff.

2) Die Behauptung von Wilmans (Archiv d. Gesellsch. f. ältere deutsche Geschichtskunde X 164), Otto habe den Cod. Monacensis benutzt, ist unbegründet. Nicht die Marginalnote desselben ist in den Text aufgenommen, sondern die Stelle (VI 13) lautet: „in loco Odingas, ut Regino refert, juxta patrem sepelitur. Monstratur tamen sepulchrum ejus in monasterio b. Emmerammi Ratisbonae. Poterat enim esse, ut ibi humatus huc postmodum transferretur". Die Stelle kann also eben so gut aus den Hss. 1. 2. 3. 7. als aus M. stammen. Vgl. p. 15 ff.

von Prag, der sog. Notarius des Königs Bela, die gemeinschaftliche Quelle der Salzburger, Garstener, Admunter und Vorauer Annalen [1]; die Reichersperger Annalen u. a. haben unsern Autor ausgebeutet; und gelegentliche Bemerkungen, die aus diesem allbekannten Werke genommen sind, möchten sich in grosser Menge finden [2].

Ein so wichtiges Werk verdient wohl eine eingehende Untersuchung selbst in den Theilen, die nicht originalen Quellenwerth haben. Seine literarhistorische Stellung verlangt, dass man es als Ganzes behandelt und nicht blos einzelne Stellen herausnimmt. Vorliegende Arbeit hat zunächst den Zweck, die nicht orignalen Theile den Quellen und dem Character nach zu untersuchen; eine Behandlung der eigenen Nachrichten Reginos seit 814 muss ich mir für später vorbehalten.

Es ist zu bedauern, dass die Chronik des R. bis jetzt nur in sehr mangelhaften Ausgaben vorliegt. Auch die Edition von Pertz im 1. Band der Monumenta Germaniae historica lässt viel zu wünschen übrig; die originalen Theile sind zwar, so weit es die damals vorhandenen Hilfsmittel erlaubten, genügend; aber der Umstand, dass der höchst wichtige Münchner Codex gar nicht benutzt wurde, und manche Versehen in der Eintheilung der Handschriften machen auch hier noch Verbesserungen möglich. Der Text des ältern Abschnitts bis 813 jedoch, der nach den damals angenommenen Grundsätzen nicht eingehender bearbeitet wurde, ist geradezu unbrauchbar; selbst die nicht weniger als mustergiltige editio

---

1) Vgl. Wattenbach Deutschl. Geschichtsquellen 2. Aufl. 1866. IV 27. p. 386.

2) Ein recht auffallendes Beispiel gewährt eine kürzlich von Wattenbach herausgegebene Translatio S. Genesii (Mone Zeitschrift f. die Gesch. des Oberrheins 1871 XXIV. p. 1 ff. vgl. p. 3); unter der Ueberschrift ist von einer Hand des 11. oder 12. Jahrh. hinzugefügt: „Argumentum quo tenpore fundata sit Shynensis ecclesia, denotabis per Kronicam", worauf ein Auszug aus Regino a. a. 801 ff. folgt. Die Translatio ist aus einer Reichenauer Hs.; die Notizen aus Regino sind nicht aus der in Karlsruhe vorhandenen Reichenauer Hs. des Regino geflossen, sondern enthalten verschiedenes, was in den dort fehlenden Stellen stehen sollte. Cf. p. 19 f.

princeps hat hie und da bessere Lesarten. Ohne handschriftliches Material konnte man sich daher bei einer Untersuchung dieses Theiles nur auf sehr unsicherm Boden bewegen.

Der Liberalität der königlichen Hofbibliothek zu München und der Stadtbibliothek zu Trier verdanke ich, dass es mir vergönnt war, zwei Hss. zu benutzen, von denen die eine von der höchsten Wichtigkeit ist, die andere wenigstens für sehr wichtig gehalten wurde. Ausserdem war es mir möglich, die Karlsruher Hs. unsers Schriftstellers an Ort und Stelle für einige Punkte zu vergleichen. Die wichtigeren Emendationen, welche diese Collationen ergaben, habe ich im Anhang II. zusammengestellt.

Ich nehme die Gelegenheit wahr, um den Herren, deren Freundlichkeit ich die Benutzung dieser Materialien zu verdanken habe, Herrn Oberbibliothecar Prof. Halm zu München, Herrn Prof. Dr. Schoemann zu Trier und Herrn Dr. Holder zu Karlsruhe, sowie meinem Freund, Herrn Dr. v. d. Ropp, der die Güte hatte, mir eine Anzahl Lesarten aus den Wiener Hss. des Regino mitzutheilen, an dieser Stelle meinen Dank auszusprechen. Vor allem aber fühle ich mich meinem hochverehrten Lehrer, Herrn Prof. Waitz, verpflichtet, welcher dasselbe Interesse, das er für alle Versuche seiner Schüler zeigt, auch dieser Arbeit in hohem Grade zu Theil werden liess.

Einleitung.

1. Regino's Leben und Werke [1].

Regino war nach späteren Nachrichten zu Altripp am Rhein (unterhalb Speier, in Rheinbaiern) geboren; er stammt aus vornehmer Familie [2]. Altripp stand schon früh mit dem Kloster Prüm in der Eifel, jener reichbegabten Familienstiftung der Karolinger, in Verbindung; schon 762 hat Pippin die dortige Cella des h. Medardus dem Kloster geschenkt [3]. Hierin mögen wir den Grund finden, dass R. in dieses etwas entfernte Kloster eintrat. Ueber sein Leben bis zur Abtwahl ist uns nichts bekannt.

892 wurde Prüm durch einen Einfall der Normannen auf das Furchtbarste verwüstet. Abt Farabert, der sich durch die Flucht gerettet hatte, dankte ab, und R. folgte ihm gemäss der Klosterregel durch die Wahl der Mönche [4]. Bis 899 bekleidete er die Abtswürde und offenbar nicht ohne Er-

---

[1] An authentischem Quellenmaterial für Reginos Leben haben wir ausser seinen eigenen Angaben nur seine Grabschrift (s. u.). Die Prümer Annalen (Archiv III. 291 ff.) sind erst aus dem 16. Jahrh., nach Angabe des Verfassers jedoch aus den ältesten Documenten geschöpft. Ein andres Exemplar ist noch spätern Ursprungs. Vgl. ferner Wattenbach Geschichtsqu. II. 16. 173 ff. Dümmler, Einleitung zu der Uebersetzung der Chronik des R. (Geschichtschreiber der deutschen Vorzeit IX. Jahrh. Bd. 14. Berl. 1857). Baluzius, Reginonis libri II de eccles. disciplinis p. 523 ff. Pertz, Mon. SS. I 537 ff. Wasserschleben, Reginonis libri II de synodal. causis, Einleitung.

[2] Archiv III. 292. Cf. Trithemii opera ed. Freher I. 258 „natione Teutonicus".

[3] Beyer Urkundenbuch zur Gesch. der jetzt die preuss. Regierungsbezirke Coblenz und Trier bildenden mittelrhein. Territorien. Coblenz 1860. I n. 16.

[4] Cf. Reg. chron. a. a. 892.

folg; denn schwerlich würde sein Nachfolger, dem es wesentlich auf die Einkünfte ankam, ein Kloster übernommen haben, welches durch wiederholte Plünderungen der Normannen so schwer gelitten hatte, hätte nicht Regino dasselbe bedeutend gehoben. Auch politisch spielte Prüm damals noch eine Rolle: Hugo, der rebellische Bastard Lothars II, der 885 wegen eines Aufstandes geblendet und seit dieser Zeit in Fulda und St. Gallen interniert war, wurde von Reginos Hand in Prüm zum Mönche geschoren und starb dort einige Jahre später[1]).

So besass R. jedenfalls das Vertrauen der Mönche, die ihn sonst nicht in einer so schwierigen Zeit gewählt hätten, und das Vertrauen seines Fürsten. Es war ein offenbarer Gewaltact, als im J. 899 die mächtigen Grafen Gerhard und Matfried seine Absetzung bewirkten und ihren Bruder Richarius, den spätern Bischof von Lüttich, an seine Stelle setzten[2]). Richar war ein Laienabt, wie so viele jüngere Söhne vornehmer Familien in jener Zeit; wie später sein Bisthum, so betrachtete er sicher auch seine Abtei als Einnahmequelle; kirchliches Leben war ihm gleichgiltig[3]).

R. hat einen Bericht über seine Absetzung geschrieben, der etwas erbittert ausgefallen sein mag. Er wurde wohl bald nach der Abfassung seiner Chronik getilgt; nicht einmal eine sichtbare Lücke bezeichnet ihn in einer der erhaltenen Hss.[4]). Die Art, wie die Prümer Annalen, die, wie bemerkt, aus ältern Quellen geschöpft haben, die Gründe der Absetzung besprechen, muss uns zu der Vermuthung führen, dass die Prümer Mönche selbst die Stelle getilgt haben. Dort heisst es[5]): „Reginos Klagen über sein Schicksal werden sehr verdächtigt durch die Werke des folgenden Abts und durch das Lob, das diesem von den Schriftstellern gespendet wird.

---

1) Reg. chron. a. a. 885.
2) Reg. chron. a. a. 892 „aemulis agentibus Richarium, fratrem Gerhardi et Mathfridi, invidiosum mei negotii successorem sustinui".
3) Vgl. über ihn Folcuini Gesta abb. Lobiensium cap. 19 (M. SS. IV. 63).
4) Reg. chron. a. a. 892 cf. 899.
5) Archiv III 292.

Grosse Geistliche pflegen das Weltliche zu vernachlässigen..
und das scheint mir auch bei jenem geistlichen Manne der
Fall zu sein, wesshalb die Brüder, wenn sie das gemeinsame
Wohl im Auge hatten (besonders im Anfange, wo es Zeit
gewesen wäre zu organisiren und zu bauen und nicht sowohl
den eignen Wünschen als den gemeinsamen Bedürfnissen zu
gehorchen) über diese Niederlegung eines Amtes, das für jenen nicht passte und für sie unfruchtbar war, nicht betrübt
zu sein brauchten". Wohl mochten die Nebenbuhler, von
deren Intriguen R. selbst spricht und denen vielleicht die
laxere Disciplin eines Richar besser gefiel als die strenge
Zucht eines in den Kirchengesetzen so bewanderten Mannes
wie Regino, diese Angaben verbreitet haben; von ihnen mag
denn auch die Tilgung der betreffenden Stelle ausgegan-
gen sein.

Erzbischof Ratbod von Trier nahm sich des abgesetzten
Abtes liebevoll an und übertrug ihm das Kloster St. Martin
zu Trier, welches ebenfalls schwer durch die normannische
Invasion gelitten hatte und von R. wieder hergestellt wurde,
— ein neuer Beweis, dass unser Schriftsteller durchaus fähig
war, seine Stellung auszufüllen [1]). Lange scheint er jedoch
nicht Abt von St. Martin gewesen zu sein; er zog sich nach
dem Kloster St. Maximin in Trier zurück und widmete sich
ganz seinen schriftstellerischen Arbeiten. Hier starb er auch
im Jahre 915, wie seine uns erhaltene, wenn auch verstüm-
melte Grabschrift beweist. Sie lautet [2]):

---

1) Vita S. (Magnerici Mon SS. VIII. 208): „Ecclesia autem illa
longo ante tempore cum senio esset lapsa et vastatione Normannica
cum ipsa civitate succensa, a Rabbodo Trevirensi episcopo Reginoni
abbati, religioso cuidam et ecclesiastico viro, est commissa et ab eo
in pristinum statum reparata". Dass dieser Regino in der That der
unsrige ist, wird bestätigt durch den 2. Prümer Annalisten (Archiv
III. 294).

2) Vgl. Trierische Chronik V. p. 7 die Stellen aus Eckhausens
ungedruckter Chronik von St. Maximin über die Auffindung.

„Fessa Reginonis continet ossa.
Abbas egregius, praefuit ipse pius
Coenobio quondam Prumiensi moribus almis,
Postquam . . . . . .
A. DCCCCXV".

Regino war nach damaligen Begriffen ein hochgebildeter Mann. Wenn seine Sprache auch nicht classisch ist, so liest sie sich doch ganz angenehm; auch hat er eine gewisse Mühe darauf verwandt, er hat seine Vorlagen nach den Regeln der Grammatik verbessert[1]). Uebrigens kannte er die alten Schriftsteller; in seiner Schrift „de harmonica institutione" citiert er einmal Virgilius, andere Schriftsteller wie Cicero (Somnium Scipionis) freilich wohl nach Boëtius[2]). Das Griechische scheint ihm auch nicht unbekannt gewesen zu sein; darauf deuten mehrere Worterklärungen, die er in derselben Schrift giebt[3]).

Vor allem aber waren seine theologischen Kenntnisse sehr umfassend; sein treffliches Werk über die Kirchenzucht[4]), das noch jetzt von Juristen als wichtige Quelle geschätzt wird und das auch für den Historiker grossen Werth hat, beweist diess. Er schrieb es auf den Wunsch des Erzbischof Ratbod zu praktischen Zwecken, wie es scheint, um 906 und widmete es dem Erzbischof Hatto von Mainz[5]).

Ein anderes, weniger bekanntes Werk von ihm, das sich mit der Theorie der kirchlichen Musik beschäftigt, ist in

---

1) Reg. chron. a. a. 813 p. 566, 63.
2) cap. 5. 6. 10. etc.
3) cap. 8. 9. „Dicitur autem a musa musica, sicut a gramma grammatica et a rhetoreon, id est elocutionis copia, rhetorica . . . et a ge, id est terra, geometria, et ab astro, id est stella, astrologia . . . omnis autem vox aut syneches est, id est continua . . . aut diastematice, id est cum intervallo suspensa" etc.
4) Wasserschleben, Reginonis abb. Prumiensis libri II de synodalibus causis et de disciplinis ecclesiasticis. Leipzig 1840. 8.
5) Wasserschleben a. a. O. p. VIII. Wattenbach Deutschl. Gesch. II. 16. p. 174. Die Abfassungszeit lässt sich aus dem Datum von zwei darin als Formeln aufgenommenen Briefen (cap. 450. 451) ungefähr bestimmen.

Form eines Briefes an den Erzbischof Ratbod gerichtet; als Grund für die Abfassung giebt R. an, er habe oft den Unwillen Radbods über den schlechten Gesang in den Kirchen seiner Diöcese beobachtet und wolle dem abzuhelfen suchen[1]).

Trittenheim führt ferner noch ein Buch sermones multos et elegantes und ein Buch Briefe an verschiedene Personen an; ausserdem habe er noch mehr geschrieben, das noch nicht vor seine Augen gekommen sei[2]). Er mag wohl hier wie öfter geirrt oder erfunden haben.

Sein am meisten gelesenes und verbreitetes Werk jedoch war seine Chronik. Die Gründe, die ihn zur Abfassung derselben bewogen haben, giebt R. selbst in der Widmungsepistel an den Bischof Adalbero von Augsburg[3]) folgendermaassen an:

„Es schien mir unwürdig, dass, während die Geschichtschreiber der Hebräer, Griechen und Römer die Geschichte ihrer Zeit in ihren Werken bis zu unserer Kenntnis gebracht haben, über unsere eigenen, wenn auch viel unbedeutenderen Zeiten ein so tiefes Stillschweigen herrscht, als ob in unsern Tagen die Menschen unthätig lebten oder vielleicht nichts leisteten, was verdiente, der Nachwelt überliefert zu werden, oder als ob, wenn auch denkwürdige Ereignisse stattgefunden haben, kein geeigneter Mann sich fände, um dieselben niederzuschreiben, weil die Schriftkundigen in sorgloser Trägheit dahin lebten. Darum wollte ich nicht, dass die Zeiten unserer Vorfahren und die unsern durchaus unbeachtet vorüber gingen, sondern habe mich bemüht, von Vielem Weniges aufzuzeichnen".

Was uns R. als Historiker besonders werth macht, das ist seine unbestreitbare Wahrheitsliebe. Zwar enthalten auch seine originalen Theile manchen Irrthum; aber das ist nicht anders möglich, weil er sie grösstentheils aus der Erinnerung niederschrieb und so auch manches Sagenhafte aufnahm.

---

1) Gerbert Script. ecclesiastici de musica sacra I 230 ff.
2) Trithemii opera historica ed. Freher I. p. 129.
3) M. SS. I. 543. Diese Widmungsepistel ist zugleich eine „praefatiuncula" für den Leser; R. bittet am Schluss jeden, der sein Werk beschreiben würde, dieselbe nicht auszulassen.

Ueber die Zeit Ludwigs des Frommen konnte er nur wenig erfahren; mehr, zum Theil auch aus Briefen und Actenstücken, über Lothar und seine Brüder[1]). Die jüngste Vergangenheit (vom Jahr 892 an, wo er einen Abschnitt macht) hat er mit sehr aufmerksamen Blicken verfolgt und giebt uns äusserst schätzbare Nachrichten, wenn er freilich auch, „um sich nicht die Feindschaft noch Lebender zuzuziehen oder aber wegen unwahrer Erzählungen vom Vorwurf der Schmeichelei und Lüge getroffen zu werden"[2]), nur kurz die Facta berichtet, ohne sich auf die Ursachen derselben einzulassen; in den vorhergehenden Theilen suchte er diese wenigstens kurz anzudeuten[3]). Sein Gönner, Erzbischof Ratbod, mag ihm wohl manche Nachricht vermittelt haben. Schon Dümmler hat seine auffallend genaue Kenntniss der Geschichte des westfränkischen Reiches hervorgehoben und dieselbe durch den Zusammenhang des Klosters mit der Congregation von Meaux und durch seine Güter in Frankreich erklärt[4]).

---

1) Reg. chr. a. a. 813. „Et de Ludowici quidem imperatoris temporibus perpauca litteris comprehendi, quia nec scripta reperi, nec a senioribus, quae digna essent memoriae commendanda, audivi; de Hlotharii vero imperatoris et fratrum ejus regum Francorum gestis plura descripsi; ubi vero ad nostra tempora ventum est, latius sermonem narrationis protraxi.

2) Reg. chr. a. a. 892. „Haec de retroactis causis transcursisque temporibus ex multis pauca commemorasse sufficiat. Nam de modernis temporibus idcirco reticere disposuimus, quia si veritatem rerum gestarum ad liquidum stylo executi fuerimus, proculdubio odium et offensam quorundam, qui adhuc superstites sunt, incurremus; si autem a veritate recedentes aliter quam causa se habeat scripserimus, nihilominus adulationis et mendacii notam incurremus, quia omnibus pene res cognita est. Posteris ergo hoc latius explanandum relinquimus; sed ne haec per omnia intacta praeteriisse culpemur, res tantum gestas ex parte summatim annotare curabimus". Cf. praef. p. 543, 18—20. chr. a. a. 899.

3) Reg. chr. a. a. 868 „nisi brevitati studentes causas rerum magis summatim notare quam explanare proposuissemus". a. a. 892. „Absurdum enim videtur, ut qui aliorum actiones et rerum gestarum causas explanare proposui, negotium, quod ad me pertinet, silentio praetermittam.

4) Dümmler Einl. z. Uebers. p. XI. Cf. Beyer Urkundenb. I n. 16. 33. 37. 95. 74. 101. 116.

Reginos ganze Darstellung trägt den Character der Objectivität, die selbst sein streng kirchlicher Standpunkt, der sich mitunter recht scharf geltend macht[1]), nur selten trüben kann.

Im Jahr 908 vollendete Regino seine Chronik. Er sagt, er habe sie bis zu diesem Jahre fortgeführt[2]). Nun schliessen aber alle Hss. schon mit 906[3]). Der Schluss macht allerdings den Eindruck, als fehle etwas; und da die Widmungsepistel erst nach Vollendung des Werks geschrieben ist, also schwerlich einen Fehler enthalten wird, so möchten wir annehmen, dass die letzten Jahre, ebenso wie die oben erwähnte Stelle des Jahres 892, vielleicht des Inhalts wegen, getilgt worden ist.

Regino theilt sein Werk, das er selbst wohl chronica (fem.) nannte[4]), in zwei Abschnitte ein[5]), die nach Art der Behandlung sowohl wie nach dem Stoffe verschieden sind. Während er im ersten Theile, dem „libellus de temporibus dominicae incarnationis" oder der Weltchronik, wie wir diesen Ausdruck sachgemäss übertragen können, eine

---

1) Cf. Reg. chron. a. a. 865. „stultitiae elogio denotandi, qui illam Petri sedem aliquo pravo dogmate fallere posse arbitrati sunt, quae nec fefellit nec ab aliqua haeresi unquam falli potuit". Wer dächte bei diesen Worten nicht an das Unfehlbarkeitsdogma? Von Nicolaus I rühmt er a. a. 868; „Regibus ac tyrannis imperavit eisque ac si dominus orbis terrarum auctoritate praefuit". Diess hindert ihn aber nicht, bei aller Parteinahme gegen Lothar II doch den Aufstand Hucberts, des Bruders der verstossenen Thietbirga, entschieden zu misbilligen und Lothars Kämpfe gegen die Saracenen lobend anzuerkennen (866, 867).

2) Mon. SS. I 543: ... „et consummans coeptum opus usque in praesentem annum, qui computatur a praefata incarnatione Domini nongentesimus octavus". Sigibert bezeichnet in seiner Chronik (Mon. SS. VI 345) irrthümlich 910 als Schlussjahr, während er im Liber de script. eccles. (ed. Fabricius bibl. eccles. cap. 111) das Richtige hat.

3) Von einer Lücke ist nirgends eine Spur; einige heben sogar den Schluss besonders hervor mit „explicit chronica Reginonis Prumiensis abbatis de gestis Francorum". Cf. Mon. SS. I p. 612 n. v.

4) Cf. p. 543, 5. 556 b 38. Auch 555 b 55 ist „chronicam" zu lesen.

5) Mon. SS. I 543 „Quam in duobus libellis distinxi".

Weltgeschichte von Christi Geburt bis 741 geben will und dabei die Chronologie anwendet, welche seit Isidor und Beda für solche Darstellungen in Gebrauch gekommen war, die Anordnung der Begebenheiten nach den Regierungen der römischen Kaiser, giebt er im 2. Buch, dem „liber de gestis regum Francorum", nur die fränkische Geschichte 741—906 und zwar in annalistischer Weise nach Jahren Christi geordnet. Er selbst spricht diesen Unterschied in der Zeitrechnung am Ende des ersten Theiles aus [1]).

Das ganze Werk war wohl in Capitel eingetheilt; wenigstens zeigen die Karlsruher, die Trierer, die Augsburger[2]), die Wiener Hs. no. 408 und zum Theil auch die Münchner (fol. 146—182) eine solche Eintheilung.

2. Die handschriftliche Ueberlieferung der Chronik des Regino[3]).

Das Autograph des R. ist uns leider nicht erhalten und fehlte schon sehr früh, da sämmtliche erhaltene Handschriften aus mehr oder weniger verderbten Copien geflossen scheinen. Einige Nachrichten über ein angebliches Autograph haben sich zwar gefunden, doch sind die Spuren sehr unbedeutend. Wyttenbach berichtet, ein ehemaliger Geistlicher des Stifts St. Blasien habe ihm erzählt, dass er das Autograph unsers Schriftstellers um 1787 in der Bibliothek zu

---

1) Mon. SS. I 554 b. 68 ff. „Haec idcirco, ab ipso incarnationis Domini anno exordium capientes usque huc perduximus, ut quia *sequens libellus* a nostra parvitate editus *per ejusdem incarnationis dominicae annos* tempora principum et gesta declarat, *iste* nihilominus, quo tempore, quo in loco, vel quid *sub unoquoque principe* actum sit, summatim demonstrat.

2) Vgl. Plac. Braun, Notit. codic. mss. monast. SS. Ulrici et Afrae II p. 111. Die Capitel haben übrigens in 2. 3. und M. keine Zahlen, sondern sind nur durch „cap." und dgl. von einander getrennt.

3) Vgl. im Allgemeinen Archiv V. 759 ff. M. SS. I. 539 ff. Ich citiere die Hss. nach den von Pertz gewählten Zahlen; M. = Codex Monacensis.

St. Blasien gesehen habe¹). Eine andere Hs., in der Merian Reginos Autograph vermuthete, soll in Brüssel liegen²). Es heisst auch, lange Zeit sei die Urschrift im Kurfürstlichen Archiv zu Trier gewesen; Wyttenbach hielt die Trierische Handschrift für eine Copie des Originals und legte Gewicht auf einige Varianten, die 1587 aus dieser Hs. an den Rand einer editio Pistoriana des Regino geschrieben waren³); doch verdient die Trierer Hs. keineswegs diess Lob.

Die zahlreichen Hss. der Chronik zerfallen in 2 Hauptklassen: in Hss. mit und in Hss. ohne Fortsetzung; zwischen beiden steht die Pariser Handschrift 5016 und ihre Verwandtschaft.

Pertz hat, was ja an sich das Natürliche scheint, die Hss. ohne Forts. als die bessern hingestellt. Eine Vergleichung des Cod. Monacensis mit der Trierischen (3) und der Karlsruher Hs. (2), von denen ersterer die Textgestalt mit, die beiden letztern die ohne continuatio vertreten, hat mich auf wesentlich andere Wege geführt. Es kamen für mich allerdings zunächst nur die älteren Theile der Chronik (bis 841) in Betracht; indes ist gerade bei diesen vortreffliche Gelegenheit geboten, die Beschaffenheit des Textes kennen zu lernen, da die Vergleichung mit den Quellen leicht die ursprüngliche Lesart feststellen lässt. Entschieden liegt uns für diese Theile in M. ein weit originalerer Text vor, als in 2 und 3.

Was zunächst die unterscheidenden Merkmale der beiden Klassen betrifft, so ist der Mangel einer cont. allerdings ein sehr verlockendes Argument für die originalere Gestalt einer Hs. ohne dieselbe; zwingend ist es aber nicht. Schon Pertz hat hervorgehoben, dass beiden Klassen nicht das Original, sondern eine Copie vorgelegen hat; das beweisen

---

1) Archiv III 295. Nach Scheuchenbergers Angabe befindet sich die Bearbeitung Ussermanns, der diese Hs. benutzt haben soll, noch zu St. Paul in Kärnthen; doch erwähnt Sch. hier nur die Benutzung der Hss. zu Muri und Schaffhausen. S. Archiv III. 173. 236.
2) Archiv III 238 Anm.
3) Archiv II 229. III. 233. Wyttenbach, Gesch. von Trier II, 19.

zahlreiche Besserungsversuche und vor allem das Fehlen der einen Stelle a. a. 892 (s. u.). Warum soll nun aber das Exemplar der Chronik, dem die Forts. hinzugefügt wurde, nicht einen bessern Text gehabt haben als die Copie, welche die Grundlage von 1, 2, 3 war? Dazu kommt, dass M. mindestens ebenso alt ist als die Schaffhausener (1) und wohl auch als die Londoner Hs. Arundel n. 390.

Ferner fehlt in den Hss. ohne cont. eine Stelle a. a. 892 „in quo — sustinui" (Mon. SS. I. 604, 12—14); dagegen in denen mit cont. die darauf folgende Stelle „obsecro — querelam" (l. l. 14—23). Beide Passus rühren ohne Zweifel aus Regino's Feder; aber mir scheint, ein verständiger Schreiber konnte eher die letztere Stelle, die durch den Wegfall der Rechtfertigung Regino's in der Mitte ganz überflüssig geworden, auslassen als die erste.

Wichtiger und schwieriger ist eine Stelle Ende 899. Regino sagt nach 1—3, 6, 7 über Arnulf: „sepultusque est honorifice in Odingas, ubi et pater ejus tumulatus jacet." Oettingen geben ausser diesen Hss. nur noch Marianus Scotus und Otto von Freising, beide nach Regino, an, während alle anderen Angaben mit 9—12 übereinstimmen, welche das unzweifelhaft Richtigere haben [1]): „sepultusque est honorifice in Radispona, in basilica S. Hemmerammi martyris, quem ipse, dum vixit, multum veneratus est." In M. steht nun **auf einer Rasur** die Lesart von 1—3. 6. 7 und zwar **von derselben Hand**, die auch das Uebrige geschrieben hat. Die Vermuthung liegt nahe, dass ursprünglich auf der Stelle der Rasur die **richtige** Lesart von 9—12 gestanden habe; dann müsste man die Herkunft dieser Hss. aus der Quelle von M. oder aus einer Ableitung aus derselben Quelle, nicht aber aus M. selbst annehmen, während 7 direct aus M. geflossen sein könnte. Doch hat Waitz (G. G. Nachr. 1871. Stück 15. p. 369 f.) dagegen schwerwiegende Bedenken geltend gemacht; die Stelle der Rasur ist zu klein, als dass alles, was 9—12 haben, darauf gestanden haben könnte; und

---

1) Dümmler Gesch. d. ostfr. R. II. 472. A. 37. Die Stelle bei Otto vgl. pag. 3. n. 2.

vor allem wird die frühere Vermuthung von Waitz, dass uns in den überlieferten Hss. der Schluss des cont. Reg. nicht vollständig erhalten sei, durch M., welches am Ende, wie es scheint, verstümmelt ist, so auffallend bestätigt, dass man allerdings nicht gern die Ansicht aufgeben möchte, M. (resp. eine Ableitung aus M.) sei die Quelle aller Hss. des cont. Reg. Das Verhältniss würde sich also so stellen, dass R. selbst irrig Oettingen als Begräbnissplatz angegeben hat (die Rasur in M. ist dann völlig gleichgiltig für die Frage); ein Abschreiber von M. hat das Richtige, Regensburg, erfahren und danach den Text corrigiert. Aus dieser Abschrift sind dann 9—12, aus M. direct nur 7 geflossen, während die Annal. Saxo (8) einen uns nicht mehr erhaltenen, am Schluss vollständigen, Text benutzte. Ueber die Randbemerkung einer Hand des 11. Jahrhunderts in M.: „perdes omnes qui loquuntur mendatium" hat Waitz ebenfalls das unzweifelhaft Richtige bemerkt, dass sie sich unmöglich auf das beziehen kann, was vor der Rasur an der betreffenden Stelle stand.

Eine Vergleichung von M., 2 und 3 für das erste Buch und das zweite bis 841 im Einzelnen ergab nun, dass zwar alle drei Hss. nicht fehlerlos sind, dass aber M. an überaus zahlreichen Stellen mit den Quellen des Regino, besonders mit den Ann. Laurissenses [1]), gegen die Lesart von 2 und 3 übereinstimmt. Die Aenderungen in diesen sind freilich oft sehr unbedeutend; sie sind aber doch vorhanden.

Was zunächst 3 anbetrifft, so verbessert es die Lesarten der Ann. Laur. häufig in grammatischer Beziehung [2]), fügt ein Wort zur grösseren Klarheit hinzu [3]) oder macht durch Weglassung störender Worte unverständliche Sätze verständlich [4]).

---

1) Diess hauptsächlich deswegen, weil das erste Buch in M. nur zum kleinen Theil erhalten ist; s. u.

2) z. B. 556 b. 50 aliis plurimis (L. M.) — alios plurimos (3). 557 b. 2. neptas (L. M.) — neptes (3). loco (L. M.) — locum (3). 48 partibus (L. M.) — in partes (3) etc.

3) z. B. 558a 46. palacii (L. M.) — palacii comprehendit 3.

4) z. B. 561 b. 39, wo „quietum" durch einen Schreibfehler (vielleicht schon im Original) zu „qui eum" geworden ist, welches 3 auslässt.

Selten hat 3 zufällig eine ältere Lesart [1]). An manchen Stellen liegen geradezu sinnstörende Corruptionen vor; einige derartige Fehler sind in die Ausgaben eingedrungen [2]), wie besonders die ganz verkehrte Stellung 544 b. 55—57. 545 b. 62—63, mehrere falsche Zahlen [3]) und Namen [4]); an anderen Stellen haben die Ausgaben gebessert [5]). Endlich zeigt 3 eine grosse Anzahl mehr oder weniger bedeutender Lücken, die zum Theil Schuld des Abschreibers sein mögen, zum Theil aber sich sicher schon in der Vorlage befanden. Davon finden sich ebenfalls mehrere in der Ausgabe [6]). Dage-

Laur. a. a. 796.	M. 2.	3.
heirichus .. hringum gentis avarorum longis retro temporibus *quietum*, civili bello fatigatis inter se principibus, spoliavit.	henricus .. iringum avarorum principem longis retro temporibus, *qui eum* civ. bello fat. inter se princ. improvise expoliavit.	henricus .. iringum gentis avarorum principem improvise expoliavit, fat. inter se civili bello principibus.

1) z. B. 558 b. 50 praeparassent (L. 3) — parassent (M.) 560 a. 18. skidrioburg (L. 3) — kidrioburg (M.) 563 b. 19. sliestorf (L. 3) — slieswich (M.)

2) Vgl. für diesen ganzen Abschnitt Anhang II., wo die citierten Stellen ausführlicher angeführt sind.

3) z. B. 544 a. 35. 563 a. 15. 565 b. 55.

4) z. B. 546 a. 50 „Cucumis" 564 a. 21 cf. n. a., wo „Niceta" das Richtigere ist. 564 b. 35. 566 a. 18. „Hilinones".

5) z. B. 545 a. 20. filius f. filia. 546 b. 6. presbyter f. presbyteri. 556 a. 30. conroborandam f. conturbandam. 504 b. 36. a gotofrido rege f. ad gotofridum regem. 565 b. 57. amoroz et abdiraman a filio abulaz ... expulsi sunt .. et compulsi sunt f. amoroz ab abdiraman filio abulaz .. expulsus .. et compulsus est. Besonders oft sind falsche Namen, wie 545 b. 19 maximus f. maximinus, 546 a. 13. 21. tacius titus f. tacitus, 547 a. 41 scelestinus f. celestinus, 551 b. 64 subscolone f. urbis coloniae. 558 b. 10. superanus faluos f. super westfaluos; und Zahlen wie 563 b. 45. IX f. VIII, 564 a. 31 IV f. III etc. etc.

6) Vgl. Anh. 2 zu 544 b. 12, 55. 546 a. 32, 61. 559 b. 20. Fernere Lücken in 3 sind: 544 a. 56. 7 diaconi — lapidatur. 545 a. 23 Hierosolymis — episcopus. 545 b. 3. apud — deputantur. 50. cum multis — Arsenius. 549 a. 64. qui genuit Dagobertum. b. 38. Edilbertus — baptizatur. 550 a. 8 et in quadam — aspexisse. 19. regnum

gen zeigt M fast gar keine Lücke¹).

Ganz die nämlichen Erscheinungen bietet eine Vergleichung mit der Karlsruher Hs.; ihrer Grundlage nach ist sie entschieden der Trierer verwandt. Sie hat vielfach die nämlichen Fehler wie 3²); oft giebt sie, wo 3 die Vorlage zu emendieren sucht, dieselbe genauer mit ihren Fehlern wieder. Eine der auffälligsten Stellen in dieser Beziehung ist 565 b. 30 ff. (cf. n. a.):

Ann. Laur. 810.	2. (1).	3.
castrisque . . positis minarum godofridi regis praestolatur eventum. *Nam rex ille, vanissima spe victoriae inflatus, acie se cum imperatore congredi velle jactabat* . .	castrisque positis minarum godefridi regis *inflatus se jactavit arroganter quod imperatori [cum imperatore 1.] congredi vellet.*	ibique castra posuit, ex minis godefridi regis *iratus, qui se jactavit arroganter, quod imperatori congredi vellet.*

M. und die mit ihm verwandten Hss. haben hier entschieden das Beste: „castrisque positis minarum godefridi regis praestolabatur eventum; nam ille tyrannus, superbiae spiritu inflatus, se jactavit arroganter, quod cum imperatore congredi vellet." Bei 1. 2. bezieht sich durch Verstümmelung des Satzes „jactavit arroganter" etc. auf Karl den Gros-

---

— obtinuerunt. 559 b. 27 sed non diu — conservavit. 561 a. 12 transiit — fluvium. 562 a. 54 et inde — medietate. Auch 555 a. 15 f. war die Vorlage von 3 verstümmelt; hier liest 3: „castrum quod franchorum fines dividit inter se."

1) Abgesehen von dem Fehlen einiger Blätter und einiger nicht originaler Zusätze (562 a. 70. 71. 563 b. 70. 558 b. 18—35) nur 557 b. 14—16 et domnus — Octobris und ein Name 546 b. 3.

2) Vgl. Anh. II. Andere Beispiele: 548 b. 7. „post haec clotharius rex *cum debito suo* (!) moritur" 2. 3., eine Wiederholung des vorhergehenden „cum debito honore". 557 b. 23. colonensem f. ecolensinam, 561 b. 1. conscripserunt f. subscripserunt etc. Eigenthümlich ist 547 a. 51, wo „celestinus et xistus" in 3 zu „celiocistus", in 2 zu celitus xixtus" wurde.

sen, das Subject; 3 hilft sich durch eine kleine, glückliche Emendation [1]).

Ausserdem zeigt 2 eine grosse Menge Schreibfehler, Corruptionen von Namen und Zahlen, welche 3 nicht hat und die ebenfalls hier und da in die Ausgaben gedrungen sind [2]), während es andrerseits zuweilen eine bessere Lesart wie 3 hat [3]). Ganz vereinzelt steht es da, wenn 2 einige Male die Lesart der Laur. „reganesburch" gegenüber der Lesart von M. und 3. „radasbona" zeigt [4]).

Endlich zeigt auch 2 eine Menge grösserer und kleinerer Lücken; zwei Jahre (232 und 314) fehlen sogar ganz [5]).

Der beste Beweis, in wie verwahrlostem Zustande die Vorlage von 2 war, ist übrigens die Beschaffenheit der ersten Hälfte des 2. Buchs; man möchte fast glauben, diese Vorlage habe aus einzelnen losen Blättern bestanden. Nachdem

---

[1]) Vgl. hierzu noch 546 b. 52—53, wo 2, abgesehen von einem Schreibfehler, genau die Lesart der Quelle (Ado) wiedergiebt:

2.	3.
.. etiam ultra christianum nomen *mittando* (l. mutando) *exilia* fatigatur.	etiam ultro christianum nomen *confitendo, exilio* fatigatur.

ferner 566 a. 59—60:

L. M.	2.	3.
cum scriptum pacti ab eo in ecclesia *suscepissent.*	*conscriptum pacti* ab eo in ecclesia *suscepissent.*	*conscriptum pactum* ab eo in epistola *susceperunt.*

[2]) wie z. B. 562 a. 69 „comes", welches in 2 aus „cum esset" corrumpiert war, während die Ausgabe es daneben setzt. Ferner Namen 545 a. 36 b. 21. 546 a. 51. Zahlen 545 a. 20. 546 b. 37. 547 a. 27. S. Anhang II. Auch das sinnlose corpus f. copiis (564 b. 43) stammt aus 2.

[3]) z. B. 544 a. 35. XXIII. f. XXVI. 546 b. 59. pigmenius f. pimenius.

[4]) 561 a. 7. 27. 49. 59.

[5]) Dieselben Lücken wie 3 hat es 544 b. 12, 546 a. 32. 61. Ferner fehlt 545 b. 16 Asterius (wie in der ed. princ.), 546 b. 9—10 metropoli — Salaria, 11. Colonia, 62—64 Quiriacus — Eusebius episcopus. 548 a. 67—69 dat — Vincentii. Nicht in Betracht kommt, dass im 4. Quaternio ein Blatt fehlt: „exciso a quodam nequam caret hic libellus folio". — Notiz einer Hand XV. s. am obern Rande (555 a 67—b. 66.)

die Hs. bis 558 a. 9 „occurrit" gelangt ist, führt sie fort mit 561 b. 10 „Cum vero audissent" bis 563 a. 9 „Hujus factionis fuere principes." Hier bricht der Satz ab, und es folgt 559 b. 72. „[Posthaec] eodem anno" — 561 b. 31; dann kommt 563 a. 52 „Anno dom. inc." etc. Durch diese Unordnung ist es gekommen, dass 561 b. 10—31 doppelt abgeschrieben wurde, dagegen 558 a. 9—559 b. 72 (tunc rex — revertitur) und 563 a. 9—51 ausgefallen ist [1]).

Die beigebrachten Belege liessen sich noch bedeutend vermehren; fast auf jeder Seite begegnen uns neue Beweise, dass der Text von M. weit besser ist als der von 2 und 3, wenigstens für die älteren Theile. Ohne Zweifel hat auch 1, das nach Pertz' Angaben zur Revision des Textes für die älteren Theile benutzt ist und dessen Verwandtschaft mit 2 und 3 wohl feststeht, einen ebenso corrumpierten Text, wie es sich mit der wichtigen Londoner Hs. Arundel. 390 verhält, muss bis auf Weiteres dahin gestellt bleiben.

Mit M. sind jedenfalls auch seine Ableitungen, namentlich wenn ihre Lesarten mit der Vorlage so genau übereinstimmen, wie Pertz (Mon. SS. I. 542) angiebt, für originaler als 1—3 zu halten. Einen Uebergang bildet die Hs. 6 und ihre Ableitungen.

Ist der Text aber für die älteren Theile besser, so ist dasselbe natürlich auch für die späteren der Fall, und bei einer neuen Ausgabe wäre demnach das Hauptgewicht auf M. und seine Ableitungen zu legen.

Um nach allen Richtungen hin und für alle Hss. diess Verhältnis zu constatieren, dazu stand mir zu wenig Material zu Gebote; wenn ich versuche, die vorhandenen Mss. nach diesem Princip zusammenzustellen, so ist es eben nur ein Versuch, und ich musste mich in vielen Beziehungen auf die Angaben von Pertz verlassen.

A. Handschriften mit Fortsetzung.

1. *Cod. Monacensis Lat.* No. 6338. Fris. 188 [2]) enthält 1) die Originalhs. des Liutprand, 2) die Chronik des

---

1) Die kurze Bemerkung von Pertz 558 n. a. ist somit ungenau.
2) Pertz im Archiv VII. 391 ff. über den Liutprand. Docen in

Regino nebst cont. Die Handschriften waren früher getrennt[1]). Von den ursprünglichen 17 Quaternionen sind Quat. 2. 3. 4. (546 b. 26 unus mensis. *Treveris sanctus*[2]) 555 a. 49 terreni et gloriam) verloren gegangen. Ausserdem hat der Abschreiber fol. 141' einen grösseren Abschnitt fortgelassen; die Seite schliesst „praedictae metropolis" (581, 38) und fol. 142 beginnt „Anno dom. inc. 870" (582, 29), ohne dass die Blätterzahl der Quaternionen eine Lücke zeigte. Diese Stelle wurde vom Abschreiber selbst auf 2 Blättern nachgetragen, von denen das zweite auf dem hintern Deckel aufgeklebt sich erhalten hat. Ueber einige kleinere Lücken vgl. p. 18. Anm. 1.

Die Schrift ist aus dem Ende des 10. Jahrhunderts. Die ersten 5 Quaternionen zeigen eine schöne, regelmässige Hand; der weitere Theil ist ungleichmässiger und, wie es scheint, von verschiedenen Händen. Die Orthographie ist inconsequent und bietet nichts besonders Auffallendes. Schreibfehler, besonders in Namen und Jahreszahlen, sind nicht selten, doch sind sie meist der Art, dass man die Schuld dem Abschreiber und nicht der Vorlage geben muss[3]). Gegen Ende ist der Codex bedeutend nachlässiger geschrieben.

Correcturen und Bemerkungen des Abschreibers (ge-

Aretins Beiträgen VII. 239 ff. Neuerdings hat Waitz (Nachr. von d. K. Ges. d. Wiss. zu Göttingen 1871. Stück 15. p. 367 ff.) den Text der continuatio näher untersucht und ihn als den weitaus besten befunden. Ich füge meinen obigen Bemerkungen nur einige Ergänzungen hinzu.

1) Vielleicht noch, als Bernh. Pezius (Thesaurus Anecdot. noviss. tom. I. 1722. Diss. Inaug. p. XXVII) die Reginohs. zu Freising sah, da er bei dieser Gelegenheit den Liutprand nicht erwähnt; auf den anscheinend mittelalterlichen Einband ist wohl kaum etwas zu geben.

2) Der abgebrochene Satz, der in der Ausgabe und in den Hss. ohne cont. fehlt, ergänzt sich aus den Wiener Hss. (7. 9.) folgendermaassen: „treviris sanctus agricius confessor et episcopus insignis effulsit, qui beatum Maximinum dignum sibi instituit successorem. Silvester" etc. Es scheint wohl ein späterer Zusatz zu sein.

3) Einige Corruptionen sind dagegen vielleicht schon auf Regino's oder seiner Vorlage Rechnung zu setzen; so 558 b. 64. desuburgh. 559 a. 20. ibina iarabi. lammejoseph. 563 a. 26. amirmunmilin u. dgl.

wöhnlich mit blässerer Tinte nachgetragen), einige Federproben [1]), Notizen einer Hand des 17. Jahrh. sind völlig bedeutungslos. Wichtiger sind einige Randbemerkungen einer Hand des 11. Jahrh., deren eine (fol. 179') schon oben p. 16 erwähnt wurde. Von etwas schlankerer Hand, aber aus derselben Zeit, stammen 3 weitere Randbemerkungen: fol. 183' „in quo posteritas Karoli Magni defecit" (a. a. 911. 614, 9), fol. 191' „tempore sancti Oudalrici" (a. a. 955. 623, 13 mit Bezug auf den Tod Konrads von Lothringen) und fol. 193 „Secundus Otto rex eligitur" (a. a. 961. 624, 27). Der Schreiber dieser Notizen scheint mir identisch zu sein mit dem Verfasser einer Genealogie des karolingischen Hauses, fortgesetzt bis auf Heinrich II. und von späterer Hand bis auf Heinrich IV., die sich fol. 96' hinter der Vorrede findet und nachträglich mit Interlinear- und Marginalnoten versehen wurde [2]). Am Rande desselben Blattes findet sich eine zusammenhängende längere Randbemerkung über die merovingische Geschichte, vielleicht von derselben Hand wie die Genealogie; sie ist wörtlich aus der Chronik entnommen. Alle Punkte, die dieser Abriss enthält, standen in den 3 fehlenden Quaternionen; er wäre ganz überflüssig gewesen, wenn die Handschrift noch vollständig gewesen wäre. Ich vermuthe daher, dass schon im 11. Jahrhundert diese 3 Quaternionen fehlten, und dass ein Leser dieser Zeit aus einem andern ihm vorliegenden Exemplar des Regino [3]) diese Marginalien hinzufügte [4]). —

Was das Verhältnis von M. zu den verwandten Hss.

---

1) Interessant für die Zeitbestimmung der Hs. ist die Federprobe „Abram episcopus" (fol. 121), auf die schon Docen aufmerksam macht. Abraham war Bischof von Freising 957—993.

2) Ein kleiner Theil davon ist gedruckt Mon. SS. X. p. 136; die in der Einleitung hierzu gemachten Angaben sind ungenau und undeutlich.

3) Auch die mehrfach erwähnte Marginalnote fol. 179' scheint auf ein zweites Exemplar des Regino zu deuten.

4) Die Hss. 7 und 9 zeigen keine Lücke, wie ich nachträglich erfahre; 7 könnte wohl nur vor Ausfall des betr. Quaternionen abgeschrieben sein, 9 ist wahrscheinlich aus einer Ableitung von M geflossen. Vgl. auch Waitz G. G. Nachr. 1871. St. 15. p. 372.

betrifft, so habe ich oben (p. 15 f.) schon einiges darüber gesagt. Sie zerfallen in 2 Klassen, einerseits Hs. 7, andrerseits 9—12, die im Einzelnen öfter von einander abweichen, namentlich in Bezug auf Arnulfs Begräbniss 899. Sonst stimmen sie in den characteristischen Punkten (p. 14 ff.), in der Ueberschrift, wo Regino (wenigstens nach M. 7. 9. 10) abbas Pru*n*iensis heisst, und überall, wo die Lesart von 7 und die von 9—12 die nämliche ist, mit M. überein. Die erwähnten Hss. sind folgende:

2. *Cod. Vindobonensis bibl. pal.* No. 408 [1]) (Pertz 7), früher zu Admont. 11. Jahrh.

3. *Cod. Vindobonensis bibl. pal.* No. 538 [2]) (P. 9), 12. Jahrh.

4. *Cod. Vindobonensis bibl. pal.* No. 639 [3]) (P. 10), 12. Jahrh., enthält nur das 2. Buch.

5. *Cod. Claustroneoburgensis* [4]) (P. 11), 12. Jahrh.

6. *Cod. Vindobonensis bibl. pal.* No. 3522 [5]) (P. 12), 15. Jahrh.

Pertz setzt ferner noch hierher

7) *Emendationes chronici Reginonis exhibet Cl. Meibomius senior.* In der Stadtbibliothek zu Hannover XI. 692 [6]). Es sind Lesarten zu einer edit. Pistoriana des Regino aus einem Codex im Kloster des h. Godehard zu Hildesheim, der die Chronik des Regino oder nach Eckard den Annalista Saxo enthielt.

Zwei weitere Hss. mit cont. sind weder in der Ausgabe benutzt noch irgendwo näher besprochen:

8. *Cod. Parisiensis bibl. reg.* No. 5018 [7]). 12. Jahrh.

---

1) M. SS. I. 541. Archiv V. 762.

2) M. SS. I. 542. Arch. I. 357. Delius hielt ihn für besser als 7 und 10.

3) M. SS. I. 542. Arch. I. 857.

4) M. SS. I. 542. Arch. III. 150.

5) M. SS. I. 542.

6) M. SS. I. 542. Ich habe dieses Heft verglichen; für die älteren Theile bis 841 enthält es jedoch nur eine Lesart: 559 b. 4. Hora für Jora (Ann. Laur. Ora).

7) Archiv I. 309. VII. 54.

9. *Cod. Parisiensis bibl. reg.* No. 5017 [1]). 12. Jahrh.
Endlich hatte auch die verlorne, vermuthlich Nienburger Quelle des *Annalista Saxo* (P. 8) eine Hs. dieser Klasse vor Augen, und sein Werth für das 2. Buch der Chronik ist nicht unbedeutend.

B. Handschriften mit Fortsetzung bis 939.

10. *Cod. Parisiensis bibl. reg.* No. 5016 (P. 6), 11. Jahrh. [2]). Er ist der Hauptvertreter einer andern Handschriftenklasse. Doch liess die Collation manches zu wünschen übrig, wie es schon Pertz rügt, und da mir keine Hs. dieser Gattung zu Gebote stand, so liess sich kein bestimmtes Urtheil fällen. Allen Hss. dieser Gattung gemeinsam ist, dass sie 1) die Fortsetzung nur bis 939 „caprimontem obsidione" haben. 2) 892 dieselbe Lücke wie die Hss. ohne cont. zeigen. 3) 899 die Stelle über das Begräbnis Arnulfs wie 1—3. 7 M. haben [3]). Aus allem diesen geht hervor, dass der Text sich trotz der Forts. mehr den Hss. ohne cont. nähert.

Die folgenden drei Hss. zeigen dieselben Characteristica, wogegen die Augsburger Hs. nur durch ein Versehen hierhergekommen ist.

11. *Cod. Einsidlensis* [4]). (Klosterbibl. No. 359). 10—11. Jahrh. Vielleicht die Quelle des vorigen?

---

1) Archiv VII. 54.

2) Mon. SS. I. 541. Arch. V. 762. VII. 54. Die Vermuthung von Pertz, der Codex habe früher in Otterburg gelegen, beruht auf einer Verwechselung mit cod. Paris. bibl. reg. 5922.

3) Dagegen ist der Anschluss des Hermann von Reichenau, auf den Pertz einiges Gewicht legt, nur eine willkürliche Zuthat des Cod. Murensis (und Engelbergensis) und findet sich nicht in den beiden andern Hss.

4) Arch. III. 234. VIII. 744. Ein Irrthum von Pertz ist, wenn er die Hs. in's 14. Jahrh. setzt und wenn er behauptet, sie enthalte den Hermann von Reichenau; er denkt wohl an die Einsidler Hs. des Hermann No. 349 (Prodromus Germ. Sacr. I. p. XIV. Archiv VIII. 744), die aber keinen Regino enthält.

12. *Cod. Murensis* [1]). 11. Jahrh. enthält eine Compilation aus Regino, Hermann von Reichenau, Bernold und Berthold.

13. *Cod. Engelbergensis* [2]). Mitte 12. Jahrh., eine Abschrift des vorigen.

C. Handschriften ohne Fortsetzung.

14. *Cod. Scafhusanus* [3]). (St. Johannis- oder Ministerial-Bibliothek No. 107). 10—11: Jahrh. (P. 1). Die characteristischen Merkmale dieser Klasse und die Gründe, warum ich sie für die weniger gute halte, habe ich schon oben besprochen. Ich glaube nicht annehmen zu können, dass sich diese Hs. wesentlich von 2 und 3 unterscheidet. Die Handschrift schliesst „Tullensi".

15. *Cod. Carlsruhanus bibl. aul. cod. Augiensis* CCXXXII [4]). (P. 2), 11 — 12. Jahrh., einst zu Reichenau. Die Ueberschrift und die ersten Worte der praefatio bis „et tocius" sind ausradiert.

16. *Cod. Augustanus* No. 223 [5]). 15. Jahrh., der ausser unserer Chronik noch den Fredegar, Eusebius, Tiro Prosper enthält, ist offenbar, was den R. anlangt, aus der Karlsruher Hs. abgeleitet: er hat die Verse „multi — videtur" (p. 543 n. g.) hinter der praefatio, stimmt auch p. 543 n. f. und p. 612 n. u. nach den dürftigen Angaben, die wir darüber besitzen. Nicht zu übersehen ist ferner, dass er an Stelle der in 2 ausradierten Worte im Anfang der praefatio „unico" statt „excellentissimi ingenii",

---

[1] M. SS. I. 541. Arch. III. 235. Prodromus Germaniae Sacrae I. p. VIII ff. Zu unterscheiden von dem unten angeführten verlornen Cod. Murensis.

[2] Prodr. Germ. Sacr. I. p. IX. Vgl. Wattenbach Deutschl. Gesch. 476. Anm. 4. V. 15.

[3] M. SS. I. 539. Arch. III. 233.

[4] Den von Molter Arch. I. 153 und von mir oben p. 18 ff. gegebenen Bemerkungen habe ich nichts weiter hinzuzufügen.

[5] Placid. Braun notit. codicum mss. monasterii SS. Ulrici et Afrae. Aug. Vindel. 1791. II. 108 ff. Archiv IX. 587.

wie alle anderen Hss. haben, liest. Direct gegen die Verwandtschaft mit 6 spricht, dass er p. 543 n. d. „notariis" hat.

17. *Cod. Trevirensis bibl. publ.* No. 1286 — L[1]) (P. 3), einst zu Prüm, enthält auf 11 Quaternionen die Chronik des R., Thegan cap. 1—8, Einhards Vita Caroli Magni, Einhards Annalen und darauf den Rest des Thegan. Einige vorgeheftete Pergamentblätter enthalten zwei Notizen über die Schicksale und Wanderungen der Hs., deren Inhalt Wyttenbach bereits mitgetheilt hat (Mon. SS. I. 539), eine Kaiserreihe, ein Verzeichnis der Trierischen Bischöfe und Erzbischöfe bis auf Bertulf und andere werthlose Notizen von verschiedenen Händen. Auf einigen Blättern am Schluss finden sich eine Anzahl Hexameter verschiedenen Inhalts und von verschiedenen späteren Händen ohne Bedeutung.

Eine Notiz (fol. 90' unten) giebt über den Schreiber Auskunft: „anno Dom. inc. 1084 scriptum est hoc volumen ab arnoldo scolari praecipiente domno wolframno pio ac venerabili abbate prumiensis coenobii". Die Hs. ist sehr schön geschrieben, doch ist der Text keineswegs correct. Schon Pertz hat die willkürlichen Emendationsversuche getadelt. Jedenfalls haben die Prümer Mönche seiner Zeit die Hs. sehr überschätzt: sie zeigten sie Papebroch als das Original[2]), und auch Wyttenbach hielt sie noch für eine Abschrift aus dem Original. — Ueber eine kurze originale Fortsetzung des R. in dieser Hs. s. Waitz Archiv XI. 299 ff.

18. *Cod. Cantabrigianus in Collegio Clarohallensi*[3])

---

1) Mon. SS. I. 539. Arch. V. 761. Den oben p. 16 ff. gegebenen Notizen über die Gestalt des Textes füge ich noch bei, dass der Abschreiber mit Vorliebe Praeterita an Stelle der Praesentia setzt; so im Anfang 544 a. 3 ff. evangelizabatur, visitabatur u. s. f.

2) Archiv IV. 554.

3) Mon. SS. I. 540. Gatterer Hist. Bibl. X. 251. Vgl. auch über diese und die folgende Hs. Gerardus Joannes Vossius, Tractatus de historicis Latinis. Francof. 1677. p. 339.

(P. 3 b.) schliesst: „explicit chronica Reginonis Prumiensis abbatis de gestis Francorum".

19. *Cod. Cantabrigianus Corpus Coll.* No. 139 [1]) enthält Excerpte bis 897 „imperator creatur"; dann folgt 1002 = 901 „gens Hungarorum — extinguitur". Die Hs. schliesst: „expliciunt cronica abatis Prumiensis ecclesio".

20. *Cod. Londinensis Brit. Mus. Arundel* No. 390 [2]), 10. Jahrh. ist wohl die älteste Hs. ohne cont. und verdient entschieden Beachtung. Ueber die Textgestalt lässt sich bis jetzt noch nichts sagen, da die angegebenen Varianten zu geringfügig sind. 892 zeigt er dieselbe Lücke wie 1— 3; ebenso in der praefatio p. 543 n. f.; dagegen stimmt er in der Jahreszahl 867 für 866 (p. 577) mit 3 und 9— 12 gegen 1. 2. 7. Schluss: „in Tulliensi *urbe*".

21. *Cod. Parisiensis bibl. reg.* No. 5922 [3]). 12. Jahrh. ehedem im Marienkloster zu Otterburg in der Diöcese Mainz, wie eine Aufschrift des 15. Jahrhunderts beweist. Der Schluss: „in Tulliensi *urbe*" stimmt mit der vorigen No.

22. *Cod. Durham* C. IV. 15 [4]) enthält einen Theil der Ann. Mettenses und eine Anzahl Stellen des Regino, nach dem gedruckten Kataloge bis 1005, wahrscheinlich aber bis 906, da 1000 beginnt: „Zwendeboldus consilium habuit".

23. *Cod. Londinensis Brit. Mus. Bibl. Egerton* No. 810 [5]) 12. Jahrh. „ex bibliotheca Fuggerorum" bis 905.

Unter den Ableitungen aus der Chronik des R., welche Hss. ohne cont. vor sich hatten, kommen für die Textkritik besonders in Betracht: 1) die *Annales Mettenses*

---

[1]) Archiv V. 766 („Bibl. S. Benedicti"). VII. 384. III. 435.

[2]) Catal. of manuscr. in the British Museum, new series I. 1834. p. 115 a. (Taf. II. eine Schriftprobe). Archiv VII. 381 (die Zahl 3907 ist ein Irrthum). VIII. 759. M. SS. III. 213.

[3]) Arch. VII. 403. Mon. SS. I. 542; „mancus in fine" bezieht sich nicht auf R., sondern das verlorene letzte Blatt enthielt ein Stück aus Liutprand, den der Schreiber nebst Gregor von Tours theilweise anschloss.

[4]) Arch. VII. 384. 102.

[5]) Arch. IX. 495.

(P. 4) ¹), 2) *Marianus Scotus*, der freilich nur eine Anzahl Heilige aus dem R. entnimmt ²), und 3) die *Annales Reicherspergenses* ³).

Eine Verschmelzung der Textgestalt mit und der ohne cont. repräsentirt:

24. *Cod. Londinensis Brit. Mus. Harlejanus* No. 3676 ⁴) „ex bibliotheca Peutingeriana". Er enthält die cont. bis 967, a. a. 892 beide Stücke und stimmt p. 543 n. f. g. mit 2 überein. Diese oder eine ähnliche Hs. war wohl die Quelle der editio princeps.

Ausser diesen sind noch einige Hss. zu erwähnen, deren Beschaffenheit noch nicht näher untersucht ist, nämlich:

25. *Cod. Londinensis Cottonianus Tib.* c. XI. 1 ⁵).
26. *Cod. Modenensis* ⁶) vom Jahre 1093, enthält nur das erste Buch, angeschlossen an die Gesta pontificum.
27. *Cod. Collegii Eaton prope Windsor* 3279—380 ⁷).
28. Vier Pergamentblätter in der Gymnasial-Bibliothek zu Köln ⁸), welche 2 Fragmente der Chronik (M. SS. I. 573 ff. 580 ff.) enthalten.

---

1) M. SS. I. p. 316 ff. Die Ansicht von Dümge und Mone, Archiv III. 232, diese Hs. sei das Original gewesen, ist aus denselben Gründen unwahrscheinlich, aus denen ich die ganze Klasse nicht an die Spitze stelle.

2) Die Vorlage des Marian war nah verwandt mit der Trierer Hs.; selbst Schreibfehler wie „educius" für „et lucius" (M. SS. V. 514), falsche Namenformen, wie Potentianus (514), Linguinis (521), Leonio (521), Beneventanae episcopus (524) u. a. wiederholen sich. Die Stelle des Regino 545 b. 50 f. „cum multis — Arsenius" fehlt wie in 3 (V. p. 520); dagegen hat Marian p. 524 Victor et Urso, ebenfalls wie 3.

3) Die älteren Theile, die hier allein in Betracht kommen, bei Canisius Lect. antiquae ed. Basnage III, 2, 219. Die Martyrer unter Nero (p. 221) sind so gruppirt wie in 2. 3. „Caeliociatus" (p. 236), „epistola" (p. 250) für ecclesia wie in Hs. 3. Cf. p. 18 f.

4) Archiv VII. 383. 81. II. 381.
5) Arch. V. 766. III. 509.
6) Arch. V. 470.
7) Arch. VII. 103.
8) Arch. XI. 744.

Gatterer [1]) erwähnt ausserdem noch Hss. in Holland. Im Kloster Gembloux ist nach Mabillon [2]) ein werthvoller Codex ohne cont. verbrannt. Hohenbaum van der Meer wollte Lesarten einer Reginohs des 10. Jahrh., die 1772 in Muri aufgefunden wurde, aber seitdem verschollen ist, seiner Ausgabe des Hermann von Reichenau anhängen [3]).

Ueber die Ausgaben des R. habe ich nur Weniges zu bemerken [4]).

Unsere Chronik war eins der ersten mittelalterlichen Werke, die im Anfang des 16. Jahrhunderts gedruckt wurden [5]). 1521 gab sie Sebastian von Rotenhan zu Mainz heraus unter dem Titel: „Reginonis monachi Prumiensis annales non tam de Augustorum vitis, quam aliorum Germanorum gestis et docte et compendiose disserentes, ante *sexingentos* fere annos editi". Er hat entweder zwei Hss., eine mit und eine ohne cont. benutzt, oder wahrscheinlicher nur eine, die einen combinierten Text enthält (cf. p. 28). Diess beweist die Anführung beider Stücke a. a. 892. Im Einzelnen stimmen viele Lesarten, Schreibfehler und dergl. mit der Karlsruher Hs. Wenn die Ausgabe auch von Lese- und Druckfehlern wimmelt und die Vorlage recht corrumpiert war, so finden sich doch nicht selten bessere Lesarten als in der Ausgabe von Pertz [6]), welche mehr späteren Drucken folgt.

Die zweite Ausgabe von Simon Schard 1566 [7]) ist ein einfacher Abdruck der ersten; selbst der Titel mit dem grammatischen Fehler „sexingentos", der auch ohne diess

---

1) Hist. Bibl. VIII. 12.
2) Ann. Benedict. III. 329.
3) Archiv III. 235. V. 767. Diese Ausgabe liegt handschriftlich in Aarau.
4) M. SS. I. 540 ff.
5) Es ist wohl ein Irrthum, wenn Wyttenbach (Gesch. v. Trier II. 19) sagt, die edit. princeps sei 1518 in Strassburg erschienen.
6) Vgl. Anhang II. (5a = ed. princ.), bes. 544a. 35. 67. 70. 544b. 12. 545a. 65. 546a. 66—67. 559b. 20. 560b. 57. 561b. 1. 9. 563a. 13.
7) Simon Schard, Germanicarum rerum IV. celebriores vetustioresque chronographi. Francof. ad M. 1566. fol.

nach 45 Jahren nicht mehr stimmen konnte, ist gedankenlos übernommen. Ebenso beruht der Text in den beiden ersten Ausgaben der Scriptores rerum Germanicarum von Pistorius lediglich auf der edit. princeps, wenn auch hier sexingentos in sexcentos gebessert wurde [1]).

Die Strassburger Ausgabe von 1609 [2]) ist hier und da corrigiert und hat eine Anzahl Lesarten am Rande, die jedoch für die älteren Theile wenig Brauchbares enthalten; es ist wohl eine mit 2 verwandte Hs. benutzt worden, sie wird aber merkwürdiger Weise nirgends erwähnt. An manchen Stellen ist der Text noch schlechter als in der edit. princeps, auf die sich übrigens der Herausgeber stützte: er nimmt sogar die Widmungsbriefe Sebastians von Rotenhan auf.

Am fleissigsten ist die Ausgabe von Struv [3]). Er hatte zwar keine Hs., hat aber mit grosser Sorgfalt die ihm vorliegenden älteren Ausgaben nach Ado, Paulus Diaconus, Marianus Scotus, den Ann. Laurissenses, dem Annalista Saxo u. a. zu emendiren gesucht und hat darin recht oft das Richtige getroffen, wenn auch allerdings viele andere Fehler stehen geblieben sind.

Ueber die Ausgabe von Pertz im 1. Band der Monumenta Germaniae historica 1826 habe ich bereits das Nöthige bemerkt.

Die Anmerkungen Bouquet's zu den Ann. Mettenses, die Pertz noch anführt, enthalten für den von uns behandelten Theil so gut wie nichts Brauchbares [4]).

---

1) Francof. 1583. Hanoviae 1613. (tom. I. 1 ff.)

2) Conradi a Liechtenau Urspergensis . . abbatis Chronicon . Accesserunt . . . Annales Regionis abbatis Prumiensis et Lamberti Schaffnaburgensis monachi . Argentorati. Sumpt. Laz. Zetzneri. 1609.

3) Pistorii Scriptores rerum Germanicarum. Edit. III. cur. Struvio. Ratisb. 1726. tom. I. pars I, 1 ff.

4) Bouquet, Recueil des historiens des Gaules et de la France. Antw. 1725 ff. Es kommt hier nur das Stück V. p. 335 ff. in Betracht.

Die Chronik des Regino bis 813.

1. Inhalt und Uebersicht über die Quellen.

Häusser hat durchaus Recht, wenn er sagt, der erste Theil der Chronik des Regino verrathe gerade kein tiefes Eindringen in die Historie [1]). Der ganze Inhalt dieses Theils ist aus bekannten Quellen geschöpft, die nicht einmal so mannichfaltig sind, dass wir die Belesenheit des Autors bewundern müssten. Regino's Absicht war es auch nur, ein ganz kurzes, historisches Handbuch zu geben [2]), wie es ja die Weltchroniken überhaupt meist sein sollten. Auch er folgt, wie die meisten seiner Vorgänger, wenigstens der äusseren Form nach, der Idee des römischen Weltreichs; die Regierungszeiten der römischen und später der byzantinischen Kaiser bilden den Rahmen für seine Darstellung. Sein Vorbild darin war Beda.

Sonst tritt gerade die römische Geschichte auffallend zurück. Die einzige Notiz aus dem 1. Jahrhundert, die sie betrifft — abgesehen von denen, welche die Beziehungen zu den Juden und Christen darstellen — ist die beiläufige Erwähnung des britannischen Kriegs unter Claudius. Diocletian, seine Mitregenten und Nachfolger, sind sehr nachlässig angegeben; unter Constantin erwähnt er nicht einmal dessen Bekehrung, welche doch in seinen Augen ein hochwichtiges Ereignis sein musste. Aus der Zeit der byzantinischen Kaiser sind die Notizen etwas reicher, doch betreffen sie nur die Beziehungen der Kaiser zu den germanischen Völkern

---

1) Die teutschen Geschichtschreiber. Heidelberg 1839. p. 45.
2) „ex multis pauca notare curavimus" (543, 17), „summatim" (554 b. 74).

und namentlich zur Kirche; daneben sind einige Thronstreitigkeiten, Palastrevolutionen und weniges aus den Kämpfen mit den Saracenen erwähnt; alles diess nimmt einen geringen Raum ein. Als Quelle dient ihm hierfür besonders Beda und Paulus Diaconus; wir dürfen übrigens die Dürftigkeit der Angaben Regino's nicht auf die Schultern dieser schieben, welche ihm viel mehr Stoff boten.

Mit dem Beginn der Völkerwanderung wird die profane Geschichte und zwar besonders die Geschichte der neuen germanischen Reiche etwas eingehender behandelt. Namentlich den Franken und den Langobarden ist dabei Aufmerksamkeit gewidmet, wenn auch trotzdem viele Fehler und Misverständnisse hervortreten. Paulus Diaconus' Langobardengeschichte ist hierfür seine wichtigste Quelle; ihn hat er mit augenscheinlicher Vorliebe für allerhand Notizen benutzt. Daneben lagen ihm die Gesta Francorum, die Gesta Dagoberti und mehrere Heiligenleben vor. In einzelnen Angaben berührt R. auch die Geschichte der Westgothen, der Wandalen, der Angelsachsen. Wir bemerken hier überall Mangel weltgeschichtlicher Auffassung: während R. eine Menge ganz unbedeutender Dinge aufzählt, scheint er den Namen eines Attila gar nicht zu kennen, und über die Einwanderung der Angelsachsen, die Beda ausführlich genug schildert, fehlt jede Angabe. Gegen den Schluss hin geht sein Werk schon ausschliesslich in die fränkische Geschichte über; ein fränkisches Annalenwerk war hier seine Vorlage.

Mehr als die profane Geschichte interessirt unsern Autor offenbar die Geschichte der Kirche. Er beginnt mit einer Uebersicht des Lebens Christi, die er zum Theil aus der Vulgata, zum Theil aus Martyrologien entnimmt; auch die ausführlichen Nachrichten aus der israëlitischen Geschichte sind auf seine theologische Anschauung zurückzuführen. Auf den ersten Seiten seiner Chronik nimmt die Aufzählung der Martyrer einen bedeutenden Raum ein; er hebt sie am Schluss noch besonders hervor [1]. Ado's Martyrologium war hierbei

---

[1] 554 b. 74 ff. „triumphos quoque sanctorum martyrum et con-

seine Hauptquelle. Die Päpste führt R. seit Theodosius d. Gr. sehr genau an, meist nach dem Liber pontificalis, und benutzt am Schluss einen Papstcatalog, um seine Zeitrechnung zu controlieren. Ausserdem hat er eine Menge Notizen über Kirchenväter, kirchliche und auch profane Schriftsteller, andere mehr oder weniger bekannte Männer der Kirchengeschichte, welches Verzeichnis seine Abschreiber später noch vermehrten; dann über die verschiedenen dogmatischen Fragen des Orients, über die Bekehrung der Westgothen und Angelsachsen u. s. w. Seine Quellen hierfür sind sehr mannichfaltig; wo er nur etwas fand, benutzte er es. Hervorzuheben ist namentlich die Benutzung des Liber pontificalis.

Nur an wenigen Stellen führt R. seine Quelle an; so namentlich die „gesta pontificum Romanorum" (546 b. 30); unter den „passiones sanctorum" (545 a. 62) ist das Martyrologium des Ado, unter „Dionysius" (554 b. 64) ein an den Rand einer Ostertafel geschriebenes Annalenwerk zu verstehen. Andere Büchertitel, die er citiert, hat er aus seinen Quellen; z. B. nennt er das Werk des Hieronymus „de illustribus viris" nach Beda oder Ado, die Kirchengeschichte des Theodoret (547 b. 5) nach Beda, mehrere päpstliche Briefe nach dem Liber pontificalis (wenn ihm auch einige, namentlich für die späteren Theile seiner Chronik, zu Gebote standen).

Stellen wir schliesslich noch einmal die Quellen des R. übersichtlich zusammen [1]).

1. *Bedae Venerabilis chronicon de sex aetatibus mundi* (B. Bedae opp. historica ed. Stevenson. London 1841. II. 163 ff.).

2. *Novum testamentum vulgatae editionis* (Biblia sacra vulg. edit. ed. Leander van Ess. Tubing. 1822. III.).

3. *Martyrologium Adonis episcopi Viennensis* (A. Su-

---

fessorum, quibus in locis vel sub quibus regibus coronam gloriae perceperunt, nominatim aperiat" (scil. libellus primus).

1) Ich nenne dabei in Klammer die Abkürzungen für die am häufigsten vorkommenden Werke, die ich gebrauche, und die Ausgaben, nach denen ich sie citiere.

rius De probatis sanctorum historiis. tom. VII. op. et stud. Jac. Mosandri. Cöln 1581. p. 1086 ff.).

4. *Liber pontificalis* (L. P. ed. Vignolius. Romae 1724. tom. I. II.).
5. *Ein Papstcatalog.*
6. *Gesta regum Francorum* (G. F. Du Chesne, Historiae Francorum Scriptores coaetanei tom. I. 692 ff.).
7. *Gesta Dagoberti* (G. D. ib. 572 ff.)
8. *Pauli Diaconi historia Langobardorum* (P. D. Muratori Scriptores rerum Italicarum I. 405 ff.).
9. *Vita S. Goaris auct. Wandelberto* (Mabillon Acta Sanctorum ordinis S. Benedicti II. p. 281.)
10. *Vita S. Columbani auct. Jona* (ib. p. 5.)
11. *Vita S. Landeberti auct. Godescalco* (Chapeauille, Qui gesta pontificum Tungrensium, Trajectensium et Leodiensium scripserunt auctores praecipui. Leodii 1612. I. 321 ff.).
12. *Zwei Briefe Gregors des Grossen* (Jaffé, Regesta pontificum No. 1000, 1278.)
13. *Ein fränkisches Annalenwerk.*

Vielleicht hat R. ausserdem noch die Vita S. Arnulfi und die Vita S. Paulini (Acta SS. Boll. Juli IV. 435. Aug. VI. 676) vor sich gehabt. Endlich werden wir noch auf verschiedene Quellen stossen, die sich im Original nicht nachweisen lassen.

2. Die Benutzung der Quellen im Allgemeinen.

Die geschichtlichen Gesichtspunkte, nach denen Regino seine Quellen ausbeutete, hatten natürlich Einfluss auf den verschiedenen Grad seiner Benutzung. Ausserdem aber leitete unsern Autor dabei auch die Rücksicht auf grammatische Correctheit. Es mag diese Behauptung wunderbar erscheinen bei einem Autor, der keineswegs frei von grammatischen Verstössen ist und dessen Sprache, wenn sie auch leicht verständlich, einfach und kunstlos ist, sich doch nicht gerade vor anderen Schriftstellern jener Zeit auszeichnet. Aber am Schluss der nicht originalen Theile seiner Chronik (a. a. 813) hebt er hervor, dass er eine roh und bäurisch geschriebene Quelle nach den Regeln der lateinischen Grammatik corrigiert habe, und wenn wir diess auch zunächst nur auf die Ann. Laurissenses beziehen können, so gilt es doch auch von den Quellen des ersten Theils. Und ein weiterer Beweis des Einflusses, den der mehr oder weniger gute Stil seiner Quellen auf ihn übte, scheint die ausserordentlich ausgedehnte Benutzung des Paulus Diaconus, der jedenfalls unter Regino's Quellen das beste Latein schrieb, zu sein. Dem gegenüber benutzte er die Gesta Francorum und die Gesta Dagoberti in ihrer rohen Form nur zu ganz kurzen Auszügen, und das mosaikartig zusammengefügte Chronicon des Beda lieferte ihm nur abgerissene Sätze. So ist die Benutzung fast jeder seiner Quellen eine verschiedene. Es scheint aus diesem Grunde angemessen, die einzelnen Quellen einzeln zu besprechen. Naturgemäss können sich dann eine Reihe Einzelheiten daran knüpfen.

Von einer Kritik der vorliegenden Nachrichten und überhaupt von eigener Ansicht giebt es nur ganz unbedeutende Spuren. Am Wichtigsten in dieser Beziehung möchte die Prüfung einer Rechnung im Galaterbrief sein, übrigens eine corrumpierte Stelle [1]). Hie und da stellt er widersprechende Quellennachrichten neben einander, ohne sich für die eine oder die andere zu entscheiden; so setzt er zwar mit Ado die Auffindung des Kreuzes Christi unter Constantin, fügt aber hinzu, dass der Liber pontificalis dies Ereignis schon unter Constantius setzt. Häufig ergänzt er die Nachrichten der einen Quelle aus einer andern; so giebt er z. B. als Residenz Sigiberts „Remis sive Metis" an; die G. Fr., aus denen der ganze Abschnitt stammt, nennen Reims, P. D. dagegen Metz [2]). Mehrere solcher Ergänzungen machen Schwierigkeiten, weil ihre Quelle nicht zu entdecken ist; auf sie komme ich gelegentlich zurück.

---

1) Cf. p. 41.
2) 548 b. 15. G. F. cap. 28. P. D. II, 10.

Die gewöhnlichen Fehler aller mittelalterlichen Compilatoren treten uns auch bei R. entgegen. Zahlreiche chronologische Irrthümer werden wir im folgenden Abschnitt zu rügen haben. Die Namensformen sind oft verunstaltet [1]); freilich ist hierbei meist Abschreibern und Herausgebern die Schuld zu geben [2]). Mehrfach verleitet unsern Autor eine doppelte Vorlage zur doppelten Erwähnung desselben Ereignisses, z. B. des Todes des h. Sixtus [3]), des Martyriums der h. Serapia [4]), der Bekehrung der Angelsachsen [5]); oder er verwirrt aus demselben Grund die Zeit des Ereignisses, wie es mit den Zügen des Frankenkönigs Theudebert und des Bucelin und Hemming nach Italien der Fall ist [6]). Ja manchmal vergisst R. gerade das Wichtigste in seiner Quelle zu erwähnen; so will er doch z. B. 544 a. 58 ff. offenbar die Bekehrung des Paulus erzählen, bleibt aber einigen chronologischen Bemerkungen zu Liebe mitten im Satz stecken und lässt die Hauptsache aus [7]). Oft entstehen Undeutlichkeiten durch Auslassung von Worten in der Quelle, wie z. B. das sinnlose „utramque" Macedoniam [8]), oder durch ungeschickte Einschaltung einer Nachricht; jeder wird 547 a. 52

---

1) z. B. 544 a. 16. Doside für Doride. 545 b. 42. Thinius für Thmuis. 547 b. 33 Vultejus [Fultheus 3. vult deus 2] für Quodvultdeus. 553 b. 8. Mycenas f. Nicaeam. Uebrigens ist auf die Orthographie kein grosses Gewicht zu legen, da alle Abschriften dem Original nicht nahe genug stehen und in dieser Beziehung sehr schwanken.

2) So lese man 545 b. 45 Pergen (M. 2. 3) f. Egen, 546 a. 6 Maudalis (Mandalio in M. 2 ist hieraus entstanden, wie mehrfach in M. Mediolanio für Mediolanis), Lingonis (M.) für Linguiri, Iconio (M.) für Leonio (2), 546 a. 50 Cumis (M.) für Cucumis (2. 3) etc.

3) 545 b. 36 nach Ado VIII. Id. Aug. und 545 b. 60 nach Beda p. 178 (vgl. Lipsius Chronologie der röm. Bischöfe p. 119).

4) 545 a. 22 nach? und 545 a. 27 nach Ado. Vgl. pag. 48.

5) 549 b. 31 ff. nach P. D. III. 25 und 549 b. 38 f. nach B. 193.

6) 548 a. 48 ff. Vgl. u.

7) „Anno dom. inc. 34 secundum Latinos . · . Paulus, cum pergeret Damascum, a Christo de coelo vocatus, secundum Hebraeos . . . eodem anno quo Dominus passus est" . .

8) 547 b. 11. B. p. 190 hat „utramque, Macedoniam *Thessaliamque*, devastavit"; R. lässt Thessalien aus.

„hujus temporibus" grammatisch auf Xistus beziehen und doch geht es offenbar auf Theodosius.

Hie und da überträgt er auch wohl Anschauungen seiner Zeit auf die Vergangenheit. So möchte es zu erklären sein, wenn er 549 b. 20 die „milites, qui in limite adversum Hispanos Gothosque residebant" (P. D. III, 21), welche die Ingundis auf dem Wege nach Gallien gefangen nehmen und nach Sicilien bringen, mit „pirati" wiedergiebt, wohl auch, wenn er Tassilo „dux" und nicht, wie P. D. IV. 7, „rex" nennt (549 b. 64). Einzelne Ausdrücke seiner Quellen versteht er nicht, z. B. die „codicilli pro consulatu", welche Kaiser Anastasius dem Chlodovech schickt und die er mit „regia dona" wiedergiebt.

Zahlreiche ähnliche Verstösse werden wir noch zu erwähnen haben. Im Ganzen hielt er sich doch mit ängstlicher Strenge an seine Quellen.

3. Die Chronologie des Regino [1]).

Die älteren Weltchroniken rechneten theils nach den Regierungsjahren der Kaiser, theils schlossen sie sich an Consularfasten an; andere combinierten beides. Seit Beda das erstere System benutzt hatte, um sich einen Rahmen für seine Weltchronik daraus zu schaffen, kam dieses fast ausschliesslich in Gebrauch. Wir finden es denn auch bei Regino. Sein Kaiserverzeichnis besteht in der Angabe des Antrittsjahres und der Regierungsdauer eines jeden Kaisers; diese Notizen finden sich als eine Art Kapitelüberschrift an

---

1) Die Zahlangaben sind in den Hss. und besonders in den Ausgaben sehr verderbt; vgl. Anhang II. Beispielsweise ist zu lesen (544 a. 35) 23 f. 26 (vgl. 554 b. 55), (544 a. 67) 16 f. 17, (545 a. 13) 5 f. 6 nach hs. Belegen und der editio princeps. Die Regierungszeit des Cajus giebt Beda nach den neuern Ausgaben und R. selbst 554 b. 55 auf 3 Jahre an; so ist also auch wohl 544 a. 65 zu bessern, wenn ich auch keinen hs. Beweis dafür habe. Ueber die Antrittsjahre s. u. p. 38 f.

der Spitze der einzelnen Abschnitte, und auf sie folgt dann die Weltgeschichte unter dem betreffenden Regenten.

Mit Ausnahme der Antrittsjahre ist dieses Kaiserregister auf's Genauste aus Beda entnommen. Wie sclavisch und arm an eigner Kenntnis R. dabei verfuhr, zeigt der Umstand, dass er die Regierungszeit Leo's III., wie Beda, auf 9 Jahre festsetzt, ohne daran zu denken, dass derselbe nach Schluss der Chronik des Beda (726) noch eine Reihe von Jahren geherrscht haben könnte, worauf ihn doch wohl die grossen Rechenfehler, die er am Schluss seiner Weltchronik bemerkt, leicht hätten führen können.

Einige Zahlen aus Beda sind corrumpiert. Das zeigt sich schon darin, dass unser Autor die Summe der Regierungszeiten aller Kaiser auf 718 Jahre 3 Monate 2 Tage angiebt, während eine Addition der uns überlieferten Zahlen, nach Abrechnung der von R. vergessenen 88 Tage des Florianus und nach Correctur der Stellen 544 a. 35. 65 (vgl. p. 37 Anm.), vielmehr 721 Jahre 3 Monate 2 Tage ergiebt. Wahrscheinlich ist diese Differenz dadurch auszugleichen, dass man 546 b. 37 nach Hs. 3 und Beda 27 in 24 ändert. Allerdings ist nicht zu übersehen, dass auch bei der Regierungszeit des Mauritius (549 a. 67) 20 in 21 (3. B.) zu ändern ist und dass für die Regierung des Arcadius und Honorius (547 a. 27), wo Beda 13 Jahre angiebt, die Lesart von 3 „14", die von 2 „15" ist.

Nach Emendation dieser Stellen bleiben folgende Fehler:
545 a. 26. Hadrian reg. nach B. 21 J., nach R. 11 J.
545 b. 28. Philippus „ „ „ 7 „ „ „ 6 „
547 b. 23. Anastasius „ „ „ 28 „ „ „ 29 „[1]).

Paläographisch lassen sich diese Aenderungen leicht als Schreibfehler erklären.

Was die Antrittsjahre der einzelnen Kaiser betrifft, so hielt sich R. hierbei nicht an B.; denn dieser notiert nur die Endjahre der Regierungen und zwar nach Jahren der Welt.

---

1) 3 liest „28", hatte aber auch XXVIIII und hat nur den letzten Strich ausradiert. Severus (545 a. 73) hat in den Hss. des B. 17 Jahre, wie bei R.; die Ausgaben lesen jedoch 18 (vgl. Mon. hist. Britannica I, 87).

Dass R. es anders machte, besonders die Jahre Christi anwandte, ist ein Streben, auch hier eine Art annalistischer Form vorwalten zu lassen. Uebrigens hat R. dabei, selbst wenn wir viele Verderbnisse des Textes annehmen [1]), doch unzweifelhaft die gröbsten Rechenfehler begangen. So sollen z. B. Domitian 15 Jahre oder 85—90, Antoninus Pius 27 Jahre oder 123—125, Severus 17 Jahre oder 158—170, Caracalla 7 Jahre oder 170—171, Constantius und seine Brüder 24 Jahre oder 292—310, Honorius 15 Jahre oder 364—370, Leo I. 17 Jahre oder 405—417, Zenon 17 Jahre oder 414—421 [2]) regiert haben, abgesehen von zahlreichen kleinen Fehlern. Da kann man sich denn nicht wundern, wenn R. schliesslich für dasselbe Ereignis drei verschiedene Jahreszahlen 718, 747, 741 findet (p. 554 b.); die Differenz würde weit grösser sein, hätte er nicht noch zuletzt die 9 Regierungsjahre des Leo (III) von 655—718 ausgedehnt. Unser Autor sagt dazu mit grosser Naivetät: „quid horum potius sequendum sit, prudens lector videat." Dass er übrigens selbst an der Genauigkeit der ihm überlieferten Zahlen gezweifelt hat, zeigen die Worte: „potest autem fieri, ut vitio scriptoris numerus sit depravatus annorum", welchen Zweifel er allerdings mit Unrecht gegen die Angabe seines Annalenwerks richtet.

---

1) Soweit M. da ist, bestätigt er die Lesarten der Ausgaben einige Male gegen 3, welches statt 198 203, statt 209 208 liest. Dagegen ist die Lesart „292" (3) dem „295" der Ausgaben vorzuziehen; so hat 2, welches überhaupt in Bezug auf die Jahreszahlen im Allgemeinen mit der Ausgabe übereinstimmt. Die meisten Zahlen von 3 entziehen sich der Kritik, indem 421, 450, 459, 498, 510, 517, 538, 546, 572, 575, 576, 605, 612 ausradiert und an ihre Stelle von späterer Hand Zahlen, die der historischen Wahrheit näher kommen, gesetzt sind. An Stelle der Jahre 632, 642, 648, 650, 654, 655 setzte der Abschreiber aus Versehen 532, 542, 548, 550, 554, 555; eine späte Hand bemerkt darüber in arabischen Zifern Regino's Angaben; nur 554, 555 blieben unberichtigt und erhielten die Randnotizen: „Ao. 8." „Ao. 9" (scil. Karoli).

2) Wenn Constantin (IV.) 17 Jahre oder 605—612 und Justinian (II.) 10 Jahre oder 612—632 regieren, so scheint eine Aenderung des 612 in 622 fast geboten; doch hat 2 wie die Ausgaben.

Schliesslich ist noch die auffallende Art der Berechnung hervorzuheben, die Regino bei den ersten Kaisern bis Julian (seit welchem er nur noch volle Jahresangaben in seinen Quellen fand) anwendet, um die Anfangsjahre festzustellen. Er verrechnet nämlich nur die vollen Jahre; was von Monaten und Tagen übrig bleibt, spart er so lange auf, bis es wieder ein Jahr ausmacht, und schreibt dieses dann der betreffenden nächsten Regierungszeit zu. Diese Berechnung ist eine chronologische Seltenheit; ein Beispiel wird sie klarer machen:

Augustus regnavit [ann. 56][1]) mens. 6
Gajus „ ann. 3 „ 10 dies 8
_____
          [ann. 4]   „ 4 „ 8
Claudius „ ann. 13   „ 7 „ 28
_____
          [ann. 14] m. — (d. 6 sind ausgefallen.)
u. s. w.

Auch hierbei kommen einige Fehler vor; bei Claudius fallen 6 Tage, bei Trajan 15, bei Constans, Constantinus und Constantius 13 Tage aus [2]); die Regierungszeit des Pertinax und des Tacitus wird doppelt gerechnet; auch lässt R. einmal $88 + 28 = 108$ sein (546 a. 15); sonst aber ist die Addition richtig ausgeführt.

Im Anfang der Chronik giebt R. noch mehrere andere Jahreszahlen an, während er sich später durchaus auf die Antrittsjahre beschränkt. Grösstentheils entnahm er dieselben durch eine sehr einfache Rechnung aus Beda, z. B. das Jahr 27 (Einsetzung des Pilatus als procurator Judaeae) entspricht dem 12. Jahr des Tiberius bei B.; ähnlich fand er die Zahlen 30, 33, 53[3]), 63[4]), 74. Die Zahl a. 2 (Kindermord)

---

1) Die eingeklammerten Zahlen sind bei dem betreffenden Kaiser verrechnet.
2) 545 b. 72 „remanet mensis unus" scheint R. einen bei Decius übrig gebliebenen Monat zu vergessen, bringt ihn aber doch 546 a. 17 zur Anrechnung.
3) „54" (M.) ist wohl ein Schreibfehler; 2. 3. haben 53.
4) So haben M. 2. 3. Beda p. 170 „septimo anno Neronis" verlangt 66 oder 65; so wird wohl zu corrigiren sein.

hatte er vielleicht irrthümlich aus Matth. 2, 16 ¹). Die Zahl 72 (Petrus Tod etc.) lässt sich, wenn auch nicht ganz genau, aus seinen eignen Angaben schliessen ²).

Dagegen konnte er mehrere andere Jahre nicht aus seinen gewöhnlichen Quellen entnehmen, nämlich 32, 34, 43 (l. 44 nach M. 2. 3), 47, 70; auch die auffallende Erscheinung, dass R. den Regierungsantritt des Tiberius und des Archelaus nicht in das Todesjahr ihrer Vorgänger, welches er nach B. angiebt, sondern in das folgende Jahr setzt, möchte hierher gehören. Eine Erklärung dieser Zahlen s. p. 46 ³).

Endlich möge hier noch der einzigen selbständigen Untersuchung im ganzen 1. Theil der Chronik gedacht werden. (544 b. 15 ff.) Es handelt sich darum, die Zeit der (2.) Reise des Apostel Paulus nach Jerusalem und seiner Zusammenkunft mit Jacobus, Petrus und Johannes festzustellen; danach soll dann die Zeit der Reise des Petrus nach Rom bestimmt werden. Im Voraus ist zu bemerken, dass nach M. und 3. 544 b. 18. 21. 30 das „13" in „14" zu verwandeln ist. Trotzdem bleibt aber die Stelle noch unklar.

Paulus selbst sagt über diese Reise (Gal. 2, 1): „deinde post annos quatuordecim — d. h. nach seiner Bekehrung — ascendi Hierosolymam" und Beda stimmt ihm darin bei ⁴);

---

1) „occidit omnes pueros . . . a *bimatu* et infra". Mit dem Martyrolog. Adonis stand diese Angabe in Widerspruch: nach diesem (V. Kal. Jan.) fand der Kindermord im 35. Jahre des Herodes, also (da dieser im 36. J. = 6 n. Chr. nach Regino's Angabe starb) 5 n. Chr. statt.

2) Wenn Petrus seit dem 4. Jahr des Claudius = 48 n. Chr. 25 Jahr lang Papst ist, so starb er 73 n. Chr.; nehmen wir die andere Angabe, dass er 38 Jahre nach Christi Tod (33) gestorben ist, so fällt sein Tod in das Jahr 71. R. wählte das mittlere Jahr.

3) Die Angabe der Regierungszeit des Augustus „postquam 56 annis et 6 mensibus Romanum rexit imperium", die sich im B. auch nicht findet, gehört auch hierher; doch hat dieser allen Weltchronisten bekannte Ansatz vielleicht in Regino's Exemplar des B. gestanden.

4) Beda ad acta apostol. 13, 1 (Bedae opp. ed. Giles XII. 59)

beide Stellen führt R. an. Vor dieser Zusammenkunft zu Jerusalem kann Petrus nicht den bischöflichen Stuhl eingenommen haben. Nun war aber Petrus nach der Tradition 25 Jahre Bischof, wäre also frühestens $25 + 14 = 39$ nach Christi Tod gestorben; andererseits überlieferten Regino's Quellen das Jahr 38 oder das letzte Jahr des Nero als Todesjahr[1]). Daraus müsste folgen, dass schon im 13. Jahre nach Paulus Bekehrung, wenn diese Bekehrung in das Todesjahr Christi fiel, die Zusammenkunft war; und so sind jedenfalls auch Regino's Worte: „ubi numerus ipse quem posuit (Paulus) recensendus est annorum" zu verstehen. Dagegen lautet der durch M. und 3 (und den Marianus Scotus) gut beglaubigte Text des R.: „Sequitur ergo ut beatum Petrum eodem *14* post Domini passionem anno . . Romam venisse credamus." Der Abschreiber von 2 schrieb hier „13", wohl weil er den Fehler erkannte, ging dann aber weiter und änderte auch 544 b. 18. 21, wie unsere Ausgaben, das 14 in 13. Ob hier ein Schreibfehler oder eine Confusion des Autors oder ob eine sehr alte Corruption der Hs. vorliegt, muss dahin gestellt bleiben. Marianus Scotus, der die Stelle aus R. übernimmt, hat denselben Fehler begangen und trägt nicht zur Aufklärung der Sache bei[2]).

Am Schluss der Weltchronik braucht R., wie oben bemerkt, die Regierungsjahre Karl Martells als Zeiteintheilung und geht so zur annalistischen Form des 2. Theils über.

4. Die Benutzung des Beda.

Beda's Weltchronik war die gebräuchlichste Quelle des ganzen früheren Mittelalters, die Grundlage fast jedes chronistischen Werkes. Schon oben ist ausgeführt worden, dass

---

„(Paulus) quartodecimo autem anno juxta condictum Jacobi, Zephae et Joannis ad gentium magisterium profectus est."

1) Diese ihm feststehenden Zahlen hat R. aus Ado (III. Kal. Jul.) resp. seiner Quelle über die ältere Papstgeschichte s. u.

2) Mon. SS. V. p. 505.

das Kaiserregister und manche andere Daten in Regino's Chronik aus B. stammen. Dazu füge ich hier noch, dass die Namensformen der Kaiser mehrfach falsch abgeschrieben sind: so nennt R. den Kaiser Valerianus Valerius, für Jovianus setzt er Jovinianus¹). Bei Constantinus, wie B. und R. Constans II. nennen, kamen beide Namensformen schon früh vor²).

Sonst hat R. die Chronik des Beda nicht stark benutzt; nur eine Anzahl einzelner kurzer Sätze sind daraus entnommen, einige Nachrichten aus der römischen Geschichte, die er auch wohl noch verstümmelt, wie die Angaben über die Mitregenten und Nachfolger Diocletians³), aus der Geschichte der Völkerwanderung, einiges über die Angelsachsen etc.; eine Hauptquelle war ihm Beda für die Kirchengeschichte: aus ihm hat er die Erzählung über die Synode unter Gratian (547 a. 10 ff.), die Mittheilungen über Papst Symmachus (547 b. 37), über die dogmatischen Streitigkeiten zwischen Rom und Constantinopel (551 a. 31 ff. 36 ff.), einige Angaben über Märtyrer (besonders 545 a. 74 ff.) und zahlreiche Notizen über kirchlich oder literarisch berühmte Männer, die gewöhnlich nur dem Namen nach mit einem „clarus habetur", „claret" u. dergl. eingereiht sind. Dabei verfährt er ziemlich mechanisch, wie der Bericht über Athanasius zeigt: Jovinian habe ihn zurückgefordert (requirirt), und doch haben wir gar nichts über seine Verbannung erfahren; bei Beda, der eben diese letztere erzählt hat, kann der Ausdruck nicht auffallen⁴). Oft ergänzt R. die Nachrichten Beda's aus anderen Quellen⁵).

---

1) 545 b. 56—B. p. 177. 546 b. 66—B. p. 183. Struv bessert „Valerianus". Dagegen ist 548 a. 46 Justinus f. Justinianus, 551 a. 29: Constantinus, 36: Constantini f. Constantius, Constantii nach M. 2. 3. und Beda zu lesen.

2) cf. Paul. Diac. V. 6: „Constantinus Augustus qui et Constans est appellatus". R. 551 a. 35. B. p. 197.

3) 546 a. 30 ist für „Maximiano" (2) „Maximino" (M. 3) zu lesen.

4) 546 b. 67. — B. p. 183.

5) So ist es z. B. mit den Angaben über Hieronymus. 547 a. 16 —17 findet sich wörtlich nirgends; Factum und Ort ist wohl aus Ado

Im Allgemeinen lässt sich jedoch sagen, dass R. fast überall, wo ihm andere Quellen neben Beda vorlagen, jenen den Vorzug giebt. So hat er eine Menge Stellen aus Paulus Diaconus, die dieser wiederum aus Beda geschöpft und nur ein wenig umgeformt hat [1]); aus Ado's Martyrologium nimmt er sogar Nachrichten auf, für deren Quelle man weit eher Beda halten möchte, z. B. über den Perserkrieg des Kaisers Heraclius, über das Nicaenische Concil [2]).

5. Die Benutzung der Vulgata.

Das Ev. Matthaei cap. 2, das Ev. Lucae cap. 2—4, die Acta Apostolorum cap. 1. 2. 12. 13 [3]) scheinen unserm Autor zu dem kurzen Abriss gedient zu haben, den er von der Geschichte Christi und der Apostel giebt. Im Einzelnen hat er sie aus irgend einem Martyrologium ergänzt; hieraus ist zuverlässig das Datum der Bekehrung Paulus' (544 a. 62), vielleicht auch die Zeitbestimmungen „octava die, (Beschneidung), „quadragesimo die" (Darbringung im Tempel), wenn man überhaupt für so allgemein bekannte Zahlen eine bestimmte Quelle annehmen soll.

Eine sehr auffallende Stelle ist 544 a. 4—6. Wir finden zwar Matth. 2, 1—2. 9—11 die Thatsache erzählt; aber der

---

(II. Kal. Oct.), „sacrae scripturae interpres" aus B. p. 185, die Zeit nach eignem Gutdünken hinzugesetzt. 547 a. 22—23 aus B. p. 185; 547 a. 42—44 aus Ado; die Zahl 97, die für den R. ausser den Hss. auch Ann. Reichersperg. (Canis. III, 2, 235) verbürgen, schwankt: B. hat 91, A. 99, Usuards Martyrologium 98; die Zahl 50 ist dagegen nach Ann. Reichersp. a. a. 421 in 56 zu ändern.

1) Man vergleiche z. B. R. 549 a. 47—51 mit P. D. III. 13 und B. p. 192.

2) 550 b. 39—41 aus Ado XVIII. Kal. Oct., nicht aus B. p. 195. 546 b. 27—29 aus A. II. Kal. Jan., nicht aus B. p. 181.

3) 544 b. 12 ist der Text der Ausgabe unvollständig. Er lautet nach M. „Segregate mihi Paulum et Barnabam in opus quod (l. ad quod) elegi eos" vgl. Acta Ap. 13, 2. 2 und 3 lesen „ . . Barnabam et caet."

auffallende Ausdruck „mysticis" und das „tertio decimo die" bleiben danach unerklärt. Letzteres erscheint in mehreren Martyrologien; „mysticis" habe ich nur im Mart. des Beda mit den Zusätzen des Florus gefunden; ich füge die Stelle bei:

R.	B Fl.
13. die stella duce a magis adoratur et mysticis muneribus praedicatur.	VIII. Id. Jan. Quando stella duce magi ab oriente ad Dominum venerunt et mysticis muneribus . . . venerati sunt.

Da sich sonst keine Spur der Benutzung dieses Martyrologiums findet, so muss eine gemeinschaftliche Quelle vorgelegen haben, vielleicht eine kurze Bearbeitung der Vulgata; aus ihr sind möglicher Weise auch die übrigen Notizen über das Leben Christi entnommen; wer die ungeschickte Art und Weise kennt, in der R. meist kurze Auszüge macht, wird sich ohnehin wundern, dass sein Auszug der Vulgata das Wichtigste so präcis und klar hervorhebt.

Im Zusammenhang damit erwähne ich gleich eine andere Quelle, die sich besonders mit der jüdischen Geschichte beschäftigt und die ich nicht habe auffinden können. Aus ihr ist vor allem ein Passus über Herodes d. Gr. 544 a. 12—18. Dass er diesen direct aus Josephus (Antiqu. Jud. ed. Dindorf I. lib. XV. cap. 7 §. 4. XVI, 11, 7. XVII, 7) habe, wird man schwerlich vermuthen wollen: die Ereignisse sind dort mit der grössten Ausführlichkeit erzählt, und es wäre sehr wunderbar, wenn R. gerade nur diese Punkte und nicht auch andere aus diesem Schriftsteller entnommen hätte. Die älteren Kirchenhistoriker und Weltchronisten haben aber diesen Abschnitt aus der jüdischen Geschichte auch nicht in der Weise, dass sie als Quelle gedient haben könnten. Ferner möchte die Namensform „Lisaniam"[1]) (544 a. 31), welche richtiger ist als „Lysias", wie B. (p. 168), der sonst hier seine Quelle ist, schreibt, auf eine jenen Ereignissen näher stehende Vorlage deuten; und ganz besonders gehört hierher

---

1) So ist nach M. 2. 3 für „Lisanam" zu schreiben. Cf. Lucas 3, 1 „Lysaniâ"; ebenso Rufinus hist. eccl. I, 10.

der Unterschied, den Regino einmal zwischen der lateinischen und der hebräischen Jahresrechnung macht: (544 a. 58 ff.) „anno dom. inc. 34 secundum Latinos, qui a Januario annum incipiunt computare ... secundum Hebraeos, qui a Martio initium anni capiunt, eodem anno, quo Dominus passus est, 11. mense". Der Grund dieser Berechnung lag ohne Zweifel in seiner Quelle, wo er vielleicht beide chronologischen Systeme neben einander sah.

Auf dieselbe Quelle möchten dann auch die schon oben p. 41 hervorgehobenen Jahreszahlen zurückzuführen sein.

6. Die Benutzung der Martyrologien.

Ausser Marianus Scotus, der unsern Autor vielfach benutzt, räumt wohl keine Chronik des Mittelalters der Aufzählung von Martyrern so viel Raum ein, als Regino's Chronik; und dieses Martyrologium des R., welches bis jetzt nur bei einigen Bollandisten flüchtige Berücksichtigung erfahren hat, bietet einzelne nicht uninteressante Erscheinungen. Bei der Masse des Materials, den meist sehr incorrecten Ausgaben der Martyrologien und den zwar gelehrten, aber ebenso schwerfälligen und zur Benutzung unbequemen Arbeiten eines Sollerius, Baronius [1] u. a. ist es äusserst mühsam, sich einen Ueberblick über diesen Gegenstand zu verschaffen.

Die Hauptquelle Regino's ist natürlich ein Martyrologium, wie schon die kurze Angabe des Orts (bei Regino stets als Ort des Leidens genannt, während die Martyrologien eigentlich den Ort der Verehrung angeben, der allerdings meist mit jenem zusammenfällt) und des Namens zu Genüge beweisen. Er selbst nennt als seine Quelle „quaedam passiones sancto-

---

[1] Sollerius in Acta Sanctorum Boll. Jun. VI. VII (Einleitung, Anmerkungen und Auctarien zu Usuard). Baronius, Martyrol. Romanum .. Romae 1586. Die brauchbarste Zusammenstellung der Martyrologien, nach der Zeit geordnet, giebt Rettberg, Kirchengesch. Deutschl. I. 76; danach Wattenbach, Deutschl. Geschichtsqu. I, 3. p. 45 ff.

rum" (545. a. 62); und die grossen Martyrologien des 9. Jahrhunderts verdienen in der That diesen Namen, denn sie stehen auf der Scheidelinie zwischen Martyrologium und Legendarium. Und nur eines von diesen kann R. benutzt haben; denn die sog. Hieronymianischen Martyrologien [1]) (auch das Martyrol. S. Maximini, das R. als Mönch jenes Klosters jedenfalls gekannt hat) gaben meist keine Zeit und Ortsbestimmungen, ebenso das Martyrologium des Beda [2]), das wir mit den Zusätzen des Florus besitzen und dessen Benutzung die oben p. 45 angeführte Stelle anzudeuten scheint. Wandelberts metrisches Martyrologium, das ja im Kloster Prüm etwa 50 Jahre vor R. geschrieben ist, hat er auch nicht benutzt [3]).

Dagegen lebte auch Ado, der nachmalige Bischof von Vienne, lange Zeit in Prüm; sein Martyrologium, das vielleicht dort verfasst, jedenfalls dort bekannt war, ist Regino's Hauptquelle, wenn auch in gegenwärtiger Gestalt nicht die einzige Quelle für sein Martyrerverzeichnis [4]). Das zeigen ganz deutlich Stellen, wie 544 b. 51 ff., wo die Zahl der Begleiter des Martinianus „47" [5]) in keinem andern Martyrologium als bei Ado steht; ferner verschiedene wortgetreu übernommene Sätze, wie: [6])

R. 547 a. 23 ff.	A. VI. Kal. Apr.
Apud Aegyptum Johannes heremita celebratur, qui Theodosio de tyrannis victoriam praedixit.	Apud Aegyptum beati Johannis eremitae . . . qui . . . Theodosio victorias de tyrannis praedixit.

Gleichwohl finden sich mehrere Angaben, die nicht im Ado enthalten sind. So zunächst eine Reihe Zeitangaben, nämlich die Todeszeit des Hermagoras, des Germanicus, des

---

1) Martyrol. Hieronymianum bei d'Achéry Spicilegium ed. I. tom. IV. 617 ff. Gellonense ib. XIII. 388 ff. Andere Acta SS. Boll. Juni VII.
2) Bedae opp. ed. Giles IV. 16 ff.
3) d'Achéry Spicileg. V, 310.
4) Surius De probat. SS. historiis VII. 1086. Vgl. Wattenbach Deutschl. Gesch. II, 16. p. 173.
5) Man liest wohl besser mit 3 „Martinianus et 47", wie auch Mar. Scotus (SS. V. 508) und Ann. Reichersperg. (Canisius III, 2, 221.)
6) Vgl. ferner R. 547 a. 71 ff. und A. III. Non. Mai.

Zeno, des Benignus, des Castulus, der Afra und Hilaria, des Eugenius [1]). R. ergänzt die Zeit meist richtig; da sie bei Germanicus und Benignus auch Usuard in seinem Martyrologium, das meist aus Ado geschöpft ist, hinzusetzt, so liegt die Vermuthung nahe, dass die Zeitangaben auch in manchen Exemplaren des Ado gestanden haben.

Ein Zeichen deutet bestimmt auf doppelte Vorlage: es ist dies die zweimalige Anführung der h. Serapia (545 a. 22. 27); hierbei ist zu bemerken, dass keine uns erhaltene Nachricht diese unter Trajan sterben lässt, sondern alle berichten ihren Tod unter Hadrian. Auch Irenäus von Lyon ist doppelt (545 a. 51. 67) angeführt, aber nicht aus Versehen, sondern mit Bewusstsein; übrigens beide Male falsch, denn er hat unter Septimius Severus, nicht unter Marc Aurel oder Commodus gelitten.

Ferner können nicht aus Ado in der uns vorliegenden Form stammen:

Miniates (545 b. 39), der in mehreren anderen Martyrologien, auch bei Usuard (VIII. Kal. Nov.) vorkommt, wo jedoch als Ort seiner Verehrung Florenz angegeben wird.

Fortunatus diaconus (544 b. 56), den ebenfalls Usuard u. a. erwähnen (IV. Id. Jul.), und zwar zusammen mit Hermagoras, dem Bischof von Aquileja, freilich als Archidiaconus.

Einen *Trypho* (545 b. 41), der in Africa gelitten hat, erwähnt zwar Ado (II. Non. Jan.); der Trypho bei Regino möchte aber wohl der sein, welcher zu Nicaea (das in Nazanzo corrumpiert ist) unter Decius litt und der sich in einigen Hss. und Bearbeitungen des Usuard findet [2]).

---

1) 544 b. 56. 545 a. 47. b. 62. 546 a. 12. 34. 61. 547 b. 26. Dagegen konnte R. bei andern, die ebenfalls bei A. ohne Angabe des Kaisers stehen, die Todeszeit aus anderen Notizen schliessen; so sind die quadraginta martyres (545 a. 44) durch „tempore Licinii regis, sub praeside Agricolae" (V. Id. Mart.), Marcus, Marcellianus, Tiburtius (546 a. 36. 40) durch den Richter Fabianus (XIV. Kal. Jul. III. Id. Aug.), Vincentius, Justus (so lese man nach M. für Justinus), Pastor (546 a. 48. 63) durch den Richter Dacianus (XI. Kal. Febr. VIII. Id. Aug.) bestimmt u. s. f.

2) Cf. Acta SS. Boll. Jun. VI. 81 f. (Mitte des Bandes).

Einen *Valerianus* (545 b. 61), der unter Valerianus und Gallienus zu Rom starb, scheint es nicht gegeben zu haben; vielleicht eine irrige Wiederholung des Kaisernamens.

Ein *Basiliscus* (546 a. 39) findet sich häufig in griechischen Martyrologien, sonst nur in dem von Baronius edierten viel jüngern Martyrologium Romanum [1]). Die Ortsangabe Regino's ist falsch.

Faustus (546 b. 61), der zu Rom unter Julian gelitten, kommt meines Wissens nur in 3 zu Florenz aufbewahrten Martyrologien vor [2]).

Zeno (545 b. 63) heisst bei Ado nicht „confessor"; er existiert bei ihm überhaupt nur in einem späteren Zusatz (VI. Id. Dec.). Im Missale Ambrosianum und in einigen kleineren Martyrologien findet sich das Attribut [3]). Da M. es auslässt, so möchte es in 2. 3. und sonst ein späterer Zusatz sein.

546 b. 11, wo für „Colonia virgo" zu lesen ist „Colonia Crispina virgo" (s. u. p. 52), ist virgo wohl ein willkürlicher Zusatz Regino's; Crispina heisst überall femina [4]).

Endlich ist noch zu bemerken, dass Regino 545 a. 9—11 einen Irrthum verbessert, den Ado begeht und den Baronius [5]) bemerkt und gerügt hat: Ado wirft nämlich den Bischof Victorin von Amiternum (Non. Sept.) und den Victorin, der mit Eutices und Maro litt (XVII. Kal. Mai) in eine Person zusammen, die aber zwei Gedenktage bei ihm hat; Regino dagegen nennt Victorin, Eutices und Maro zusammen und gesondert den Bischof Victorin [6]).

Alle diese Angaben beweisen, dass R. noch eine andere Quelle oder, wie ich lieber annehmen möchte, ein vermehrtes

---

1) XI. Kal. Jun. „Comanae in Ponto . . S. Basilisci martyris, qui sub Maximiano . . . martyrii gloriam consecutus est.

2) Acta SS. Boll. Jun. II. 174.

3) Ib. Apr. II. 70.

4) Cf. die Martyrologien Non. Dec. und Augustin in psalm. 120. 137. sermo 354 (Augustini opp. Antwerpen 1700. IV. 1035. 1041. V. 960.)

5) Baronius Mart. Rom. Non. Sept. Anm.

6) Das Comma gehört vor „apud Amit. urbem".

Exemplar des Ado vor sich hatte; wie viel Erweiterungen und Umgestaltungen die Martyrologien erfuhren, sehen wir, wenn wir die Ausgabe des Usuard in den Acta SS. Boll. Juni VI. VII. vergleichen.

Ausser den Martyrern sind auch die ersten Päpste bis auf die Zeit Constantins d. Gr., welche R. nur als Martyrer nennt, aus A. entnommen; wir müssen freilich auch hier, wenn wir nicht die Nachtragung einzelner Notizen aus anderen Quellen annehmen wollen, ein vermehrtes Exemplar des Ado voraussetzen. Denn Anicet (545 a. 41) steht nicht im A.; dass Papst Victor (545 a. 41) unter Severus und nicht, wie A. XII. Kal. Mai (und L. P.) sagt, unter Verus litt, möchte ein leicht erklärlicher chronologischer Irrthum sein; endlich heisst der 3. Papst nach Petrus bei R. Anacletus, bei A. Cletus (die Trennung beider Namen zu zwei Personen kennen beide noch nicht). Trotzdem ist die Benutzung des A. so gut wie sicher, wenn wir auf die Zählung der ersten Päpste Rücksicht nehmen. Anaclet heisst bei R. III. post Petrum papa, Alexander V.[1]) post Petrum; Ado sagt IX. Kal. Dec., allerdings nach L. P. I. p. 14 f., über Clemens: „hic IV. post Petrum Romae episcopus, siquidem II. Linus, III. Cletus praenominati". Nun würde eigentlich als 5. Euarist, als 6. Alexander folgen müssen. Aber Ado hat noch eine andere Zählung, bei der Petrus nicht mitgerechnet wird[2]); so kam es, dass R. Alexander als V. post Petrum papa (V. Non. Mai) angeführt fand, und darum liess er den Euarist einfach aus.

Die doppelte Anführung des Sixtus ist bereits erwähnt worden. R. hat übrigens eine Menge Päpste, die auch, wie Telesfor, Zepherinus u. a. Martyrer waren und im A. standen, ausgelassen[3]).

---

1) Denn so, nicht IV., ist nach 3 und M., wenn auch in diesem auf radiertem Grunde, zu lesen.

2) Vgl. VI. Kal. Dec.: Linus I. post Petrum, VI. Kal. Mai: Clemens II. post Petrum. Euarist hat bei Ado VI. Kal. Nov. keine Zahl.

3) Hinter „Gajus papa" 546 a. 32 ist nach M. „Marcellus papa, Marcellinus papa" zu ergänzen, ebenfalls aus A.

Auch eine Anzahl Daten und einige Facta entnahm R. den Martyrologien (s. oben). Was die Martyrer anlangt, so nennt er nach Vorgang der Martyrologien vor jedem Namen den Ort des Leidens. Die Reihenfolge, in der sie unter den betreffenden Kaisern gruppirt sind, zeigt auch deutlich den Einfluss der Martyrologien: zuerst kommen die Martyrer des Januar, dann die des Februar u. s. f. Abweichungen von dieser Ordnung möchten auf Nachträge des Autors deuten.

Im Einzelnen kommen auch bei der Benutzung dieser Quelle Irrthümer, besonders in der Zeitrechnung vor; R. selbst hebt als Ursache hiervon die ungenauen Bezeichnungen der Kaiser in den passiones sanctorum hervor: „iccirco haec non per ordinem certis imperatorum temporibus exprimere[1]) potuimus, quia in quibusdam passionibus sanctorum supra nominatorum imperatorum vocabula ita confuse posita sunt, ut, cum dicat rem sub Antonino gestam, ignoretur, utrum sub Pio aut sub Vero[2]) aut sub Commodo actum sit, et cum dicit sub Lucio, ambiguum sit, utrum sub Aurelio aut sub Commodo aut sub Antonino gestum sit" (545 a. 60 f.). Diese Bemerkung bezieht sich auf Simetrius, Felicitas, Julius, Antoninus, Eusebius, Pontianus, Peregrinus, Vincentius, Commodus, Victor und Corona (545 a. 42 ff.); sie alle setzt A. unter „Antoninus" ohne nähere Bezeichnung; ein Beispiel für Lucius findet sich übrigens nicht.

Auch ohne eine solche Veranlassung giebt R. die Zeit mehrmals falsch an. Papst Victor starb nach Ado und L. P. nicht unter Marc Aurel, sondern unter Alexander Severus[3]), Maximus unter Decius[4]), Phileas und Philoromus unter Diocletian[5]), Andeolus, Andochius und Tyrsus unter Severus[6]).

---

1) So M. 3. 5 a. exprimi 2.
2) „aut sub Vero" M. 2. 3. 5 a.
3) 545 a. 41. A. XII. Kal. Mai. L. P. I, 35.
4) 545 b. 22. Ado giebt die Zeit nicht an, wohl aber andere Martyrologien II. Kal. Mai, die Acta S. Maximi (Acta SS. Boll. Apr. III. 732 ff.) und L. P. I. 45. Auch der Zusatz „presbyter", den L. P. a. a. O. hat, findet sich bei Ado nicht.
5) 545 b. 42. A. II. Non. Febr.
6) 546 a. 10 f. A. Kal. Mai.

An anderen Stellen ist die Ortsangabe flüchtig, wie 546 a. 39, wo der asiatische Martyrer Basiliscus unter den römischen steht. Cyprian war zwar Bischof von Antiochien, litt aber zu Nicomedia[1]). Smyrna (546 a. 55) ist wohl nur ein Schreibfehler für Sirmium; für Ciliciam hat M. richtiger Sicyliam (546 a. 59).

So sind auch viele andere Fehler Schuld der Abschreiber und Herausgeber; wir lesen z. B. 546 b. 9 f.: „in Scithia metropoli Frigia Salaria Mennas", und jeder wird nach dem Vorgange des Schreibers von 3 darin 3 Heiligennamen sehen; die Stelle soll aber lauten: „in Sithia, metropoli Frigiae Salutariae, Mennas" (M). Ebenso ist man geneigt, „Egen" (545 b. 45) für einen Heiligen anzusehen, und dass es Pertz gethan, bezeugt die Interpunktion; die Hss. 2. 3. M. haben aber richtig „Pergen" als Leidensort des Nestor, und Corduba gehört zu Parmenius[2]). Die h. Colonia (546 b. 11) ist nur durch einen Fehler des Herausgebers entstanden; A. schreibt „in Africa apud Coloniam Thebestinam natale s. Crispine" und danach lesen auch M. 3: „in Africa civitate Colonia Crispina virgo"[3]). Einen h. Beneventanus (546 a. 67) giebt es nicht, sondern das Wort gehört zu episcopus und für „diaconi" ist darum auch mit M. 3. 5 a. „diaconus" zu lesen[4]). Die h. Mandalia (546 a. 6) war eigentlich männlichen Geschlechts und hiess Mandales[5]). Bei Peneleus (546 a. 51) ist „atque" als Rest des ausgefallenen Linus stehen geblieben; die Stelle lautet nach M. 3 „Pelenus atque Linus episcopi", während 2 schon die Corruption hat[6]). Umgekehrt sind 546 b. 62 f. aus einem Heiligen zwei geworden: für „Quiriacus et Judas" lese man „Quiriacus qui et Judas",

---

1) 546 a. 70. A. VI. Kal. Oct.
2) Ado IV. Kal. Mart.
3) A. Non. Dec. Die ed. princ. lässt mit 2 „Colonia" aus, immer noch besser als Pertz.
4) A. XIII. Kal. Oct.
5) A. IV. Id. Jun. „Mandalio" in M. 2. 5 a. ist auch schon verderbt.
6) A. X. Kal. Mart.

wie Regino einige Zeilen vorher gethan hat und die Ann. Reichersperg. a. a. 364 bezeugen.

Wohl am ärgsten corrumpiert ist die Stelle 544 b. 55 ff., über welche uns aber auch M. vollständiges Licht gewährt.

ed. Pertz.	M.
Mediolanis Nazarius et Celsus apud Miceriam (!) Aquileja Hermagoras episcopus, Fortunatus diaconus, Foelix cum Constantia.	Mediolanio Nazarius et Celsus, Gervasius et Protasius sub Anulino praefecto. Apud Nuceriam Felix cum Constantia, apud Aquilejam Hermagoras episcopus et Fortunatus diaconus.

Bei der Lesart von M. ist nur eines ungenau: Gervasius und Protasius litten unter dem comes Astasius (XIII Kal. Jul.), dagegen Nazarius und Celsus unter dem judex Anolinus. 2 und 3 haben schon die corrumpierte Stellung, deren Ursache eine falsch übernommene Randbemerkung sein mag. Aehnlich gehört 545 b. 62 f. „in Ispania urbe Terragonae" hinter „Verona Zenon episcopus [et confessor]" zu Fructuosus[1]); auch hier hat M. das richtige gegen 2. 3.

Die von Pertz angewandte Interpunktion, die hie und da auch in die Ausgabe des Marianus Scotus übergegangen ist, ist vielfach willkürlich und unrichtig, und doch waren gerade in diesem Punkte die mir vorliegenden Hss. sehr genau und zeigten nur wenig Irrthümer; selbst Struv, der wenigstens das Martyrologium Romanum des Baronius hier und da verglich, hat sie an vielen Orten richtiger. Ich habe sie im Anh. II. gebessert.

7. Die Benutzung des Liber Pontificalis und Regino's Papstcatalog.

Ueber die ersten Päpste, die aus Ado entnommen sind, habe ich bereits oben p. 50 gehandelt. Seit Constantin hat R. ausführlichere Berichte z. B. über Silvester, Julius,

---

1) Ado XII. Kal. Febr. Cf. p. 49.

Liberius, Felix, und von Siricius an (z. Z. Theodosius d. Gr.) hat er alle Päpste den gleichzeitigen Kaisern zur Seite gestellt mit der formelhaften Wendung: „N. papa Romanam rexit ecclesiam"; er bringt dann auch verschiedene Einzelheiten.

Die Benutzung des L. P. unterliegt keinem Zweifel; Regino selbst citiert diese Quelle [1]). Ob aber die Gestalt dieser „gesta pontificum" dieselbe gewesen ist, wie die uns vorliegende des L. P., möchte zweifelhaft sein. Es sind nur sehr dürftige Nachrichten daraus entnommen, während doch hier gerade so vieles stand, was den kirchlich gesinnten Compilator zum Abschreiben auffordern musste. Die ersten Päpste bis zur Zeit Constantins scheinen ganz gefehlt zu haben, und auch weiterhin entnimmt R. viele Nachrichten über rein kirchliche Angelegenheiten, die viel eingehender im L. P. standen, aus andern Schriftstellern [2]). Weniger Gewicht ist darauf zu legen, dass der Text des L. P. gleich im Anfang die Stelle 546 b. 29 ff. nicht ganz bestätigt. Hier wird erzählt, das Kreuz Christi sei unter Constantin aufgefunden worden (nach A. V. Non. Mai); dagegen stehe in den Gesta Pontificum, es sei unter Constantius, dem Vater Constantins, und zur Zeit des Papstes Eusebius aufgefunden worden. Eusebius lebte aber nach allen von Vignoli benutzten Hss. (ausser einer einzigen, deren Lesart „Constantini" Vignoli I. 74 ff. unkritisch in den Text aufgenommen hat) „temporibus Constantis", unter dem jedoch ohne Zweifel Constantius Chlorus verstanden werden muss, da die Nachfolger des Eusebius erst unter Constantin lebten.

Ausser dieser Angabe stammen einige ziemlich dürftige Notizen [3]) und wohl auch die Reihe der Päpste seit Siricius, unter denen nur wenige (Anastasius I, Zosimus, Simplicius)

---

1) 546 b. 30 „sed ut in gestis pontificum Romanorum legimus".

2) z. B. 546 b. 27—30 den Bericht über das Concil zu Nicaea nicht aus L. P. I. 80, sondern aus A. II. Kal. Jan., 551 b. 33—49 nicht aus L. P. I. 276 ff., sondern aus P. D. VI. 4.

3) 546 b. 42—44 (vgl. L. P. I. 112. Anm. 1 zu cap. II). 547 a. 65 —b 4. 15—21. 548 a. 29—37.

fehlten, aus dem L. P. Ein chronologischer Fehler hier und da kann uns nicht Wunder nehmen [1]). —

Ausser dem L. P. lagen unserm Autor für die Papstgeschichte noch zwei Briefe Gregors des Grossen an Leander von Hispala vor [2]). Sie bilden die Quelle von 549 b. 40—44:

R.	ep. I.
Gregorius papa libros regulae pastoralis, quos in episcopatus sui exordio scripserat, libros etiam, quos in expositione beati Job jamdudum Constantinopoli [3]) fecerat, supradicto Leandro episcopo mittit, cui etiam pallium ex benedictione S. Petri dirigit.	feci ut librum regulae pastoralis, quem in episcopatus mei exordio scripsi, et libros, quos in expositione beati Job jamdudum me fecisse cognovisti, sanctitati tuae .. transmittimus. ep. II. Praeterea ex benedictione beati Petri .. pallium vobis transmisimus.

Wenn Regino sonst päpstliche Briefe citiert, geschieht es stets nach andern Quellen [4]).

Was nun den p. 554 gedruckten Papstcatalog anbetrifft, so ist er in den Ausgaben sehr corrumpiert wiedergegeben; auch die Hss. weichen bedeutend von einander ab. Um den möglichst ursprünglichen Text herzustellen, mussten wir daher die Quelle unsers Cataloges aufzufinden suchen. Dass dieselbe weder mit Ado noch mit dem L. P. übereinstimmt, geht schon aus der Reihenfolge der ersten Päpste hervor; unser Catalog kennt Cletus, Anacletus, Euarist und ordnet Linus — Cletus — Clemens — Euarist — Alexander, stimmt

---

1) So gehört Bonifacius II (547 b. 69) nach L. P. unter Justinus I, Deusdedit (550 b. 13) unter Heraclius.

2) Jaffé Regesta Pontif. No. 1000. 1278. Acta SS. Boll. Mart. II. p. 279 (Mitte des Bandes).

3) „Constantinopoli" (Constantinopolim 2. 5 a. in Constantinopolim 3) stand hier nicht in seiner Quelle; man vergleiche aber 549 a. 48 „Gregorius .. in urbe Constantinopolitana morales libros composuit".

4) z. B. 547 b. 4 die Briefe des Papstes Leo an den Kaiser Leo nach L. P. I. 150; 553 b. 51 Eudos Brief nach L. P. II. 25.

also weder in der Reihenfolge, noch in den Namen, noch in den Zahlen post Petrum mit Ado (cf. p. 50).

Mit Hilfe des trefflichen Werks von R. A. Lipsius: Chronologie der römischen Bischöfe bis zur Mitte des 4. Jahrh. Kiel 1869[1]) sind wir im Stande, mit Bestimmtheit den Catalog seinem Character nach als einen der jüngeren Recension des L. P. (P nach Lipsius) zu erkennen. Hier zuerst finden wir die Anordnung Cletus — Clemens — Anacletus; er ordnet ferner wie R. Pius — Anicetus[2]).

Lipsius hat den ursprünglichen Catalog dieser Recension mit Benutzung zahlreicher Hss. reconstruiert, leider nur bis Julius (554 a. 70). Wir werden daher auch zunächst diesen Theil nach dem vorliegenden handschriftlichen Material zu emendieren suchen. M. kommt, weil der Catalog in die fehlenden Quaternionen fällt, nicht in Betracht; die Ableitungen aus M., 7 und 9, aus denen mir Herr Dr. v. d. Ropp die Abschrift des Catalogs freundlichst mittheilte, zeigen den relativ besten Text, doch haben auch sie manche Fehler und weichen nicht selten von einander ab. Ueberhaupt differieren die Hss. ganz ausserordentlich unter einander; eine wirkliche Zuverlässigkeit kann keine in Anspruch nehmen. Ich muss darauf verzichten, die Lesarten vollständig anzugeben, sondern führe nur die correctesten Zahlen auf.

Bis Julius können wir folgende handschriftlich beglaubigte Emendationen machen:

	Für:	Lies:
Petrus	a. 25 m. 2 d. 2	a. 25 m. 2 d. 3 (7.9.3.2)
Linus	— 11 — 3 — 13 (3.2)	— 11 — 3 — 12 (7.9)
Alexander	— 10 — 7 — 1 (3.2)	— 10 — 7 — 2 (7.9)
Yginus	— 4 — 3 — 3 (3.2.9)	— 4 — 3 — 4 (7)
Urbanus	— 4 — 10 — 13 (2.3)	— 4 — 10 — 12 (7.9)
Cornelius	— 2 — 2 — 2 (2.3)	— 2 — 2 — 3 (7.9)
Marcellinus	— 9 — 4 — 25 (2.3)	— 9 — 4 — 16 (7.9)
Silvester	— 24 — 10 — 10	— 23 — 10 — 12 (9)[3]).

---

1) Die einzelnen, zum Theil sehr verwickelten Untersuchungen Lipsius' zu wiederholen, erlaubt mir der Raum nicht; wer sich näher unterrichten will, mache sich mit dem Werkchen vertraut.

2) Lipsius l. l. p. 82 ff., besonders die Tabelle 98 ff.

3) d. XI. setzt Lipsius an, aber 4 Hss. haben d. XII.

Nach diesen Besserungen stimmt der Catalog bis Julius mit der Reconstruction von Lipsius bis auf wenige Punkte. Bei Zepherinus wird m. 6 zwar von einigen Hss. gegen m. 7 bei Lipsius vertheidigt, doch haben diese auch andere Jahre und Tage; 9 hat noch unrichtiger m. 8. Bei Marcellus ist d. 22 für d. 21 gar nicht belegt. Anders ist es mit der Abweichung bei Fabianus (a. 14 m. 11 d. 11), wo die Lesart des R. durch eine Reihe der besten Hss. der jüngern Recension gegen den Ansatz von Lipsius (a. 14 m. 1 d. 11) bestätigt wird; und noch mehr ist diess bei Stephanus der Fall, wo 10 gute Hss. so lesen wie R. (a. 7 m. 5 d. 2) und nicht wie Lipsius (a. 6 m. 5 d. 2).

Bevor wir fortfahren, mache ich auf die Eintheilung der Hss. der jüngern Recension aufmerksam, die Lipsius pag. 88 giebt. Er unterscheidet hier 3 Klassen: die erste wird vorzüglich durch die Codices gebildet, die Pabst bei der Vorbereitung der Ausgabe des L. P. in den Monumenten als Hauptgrundlage benutzte (cod. 1—7 bei Pabst); die Reconstruction der Zifern ist lediglich aus dieser ersten Gruppe geflossen. Nehmen wir dazu, dass alle Hss., die bei Fabianus und Stephanus der Lesart des R. folgen, dieser ersten Gruppe angehören, so kann es nicht zweifelhaft sein, dass auch der Papstcatalog des R. zu dieser ersten Gruppe zu rechnen ist, ja er bildet eine nicht unwichtige Bestätigung der Resultate von Lipsius.

So haben wir denn eine feste Grundlage gewonnen, auf der wir die weitere Untersuchung für den übrigen Theil des Cataloges von Julius an machen können. Diese ist darum misslicher, weil uns von hier an die zuverlässige Collation von Lipsius fehlt und wir darauf angewiesen sind, selbständig eine solche vorzunehmen, was natürlich mit dem unvollständigen gedruckten Material sehr schwierig ist[1]). Die Ver-

---

1) Die Hss., welche Lipsius 83 ff. anführt, habe ich, soweit sie im Druck zugänglich waren, benutzt; also vor allem die Hss. des Muratori, Vignoli und Bianchini. Auch hier muss ich auf das Werkchen von Lipsius zurückweisen, wenn ich nicht das, was dieser a. a. O. über das Verhältnis dieser Hss. gesagt hat, wiederholen will.

gleichung der Lesarten zeigt uns nun, dass der Unterschied zwischen den 3 Gruppen natürlich immer geringer wird, je weiter die Liste herabsteigt; die Zahlen werden immer sicherer Doch findet sich, wenn auch nur spurweise, ein characteristischer Unterschied. Es scheint neben der ältesten Tradition (A) eine minder ursprüngliche (B) später hervorgetreten zu sein; während nun die erste Gruppe A den Vorzug giebt, tritt bei der zweiten eine Vermischung von A und B ein und die dritte bevorzugt B. Als Beispiel mag folgendes dienen:

	Gr. 1.	Gr. 2.	Gr. 3.
Liberius	a. 6 m. 3 d. 4 (A)	Vign. Vat. V. VI. VII.: a. 6 m. 3 d. 4 (A) Vat. II. Bianch. f.: a. 10 m. 3 d. 4 (B)	a. 10 m. 3 [7] d. 4 [3] (B)
Anastasius	a. 3 d. 10 (A)	Vign. Vat. V. VII.: a. 3 d. 10 (A) Vat. II. VI. Bianch. f.: a. 2 d. 26 (B)	a. 2 d. 26 [28] (B)

Meist ist das Verhältnis nicht so regelmässig; aber überall hat die Tradition B., solange sie vorhanden war, umgestaltend auf die 2. und besonders auf die 3. Gruppe eingewirkt.

Dagegen finden wir bei R. bis auf wenige Ausnahmen (s. u.) keine Spur einer solchen Einwirkung; wie bei Liberius und Anastasius, so finden wir auch sonst stets die Zahlen der Tradition A. So erscheint es denn unzweifelhaft, dass Regino's Vorlage mit einem Catalog der ersten Gruppe d. h. mit einem der besten und ältesten Cataloge der jüngeren Redaction des L. P. innig verwandt war. Hiernach können wir wieder eine Anzahl handschriftlich beglaubigter Emendationen vornehmen:

	Für	Lies:
Damasus	a. 18 m. 3 d. 12	a. 18 m. 3 d. 11 (7.9.3.2)
Mercurius	— 2 — 0 — 26	Johannes a. 2 m. 9 d. 16 (7.9.3.2)
Felix	— 4 — 2 — 14 (2.3)	Felix — 4 — 2 — 13 (7.9)
Bonifacius	— 2 — 0 — 26	Bonifacius — 2 — 0 — 26
		Mercurius — 2 — 4 — 16 (7.9)
Agapitus	— 0 — 11 — 18	Agapitus — 0 — 11 — 18
Vigilius	—18 — 6 — 26 (2.3)	a. 17 m. 6 d. 26 (7.9)
Gregorius	—14 — 6 — 10 (3)	— 13 — 6 — 10 (7.9)
Bonifaz (III)	— 8 — 0 — 22 (2.3)	— 0 — 8 — 22 (7)

	Für	Lies:
Honorius	—12 —11 —13 (2)	—12 —11 —17 (9)[1]
Martinus	— 1 — 1 —26 (2)	— 6 — 1 —26 (3.9)
Eugenius	— 1 — 8 —24 (2)	— 2 — 9 —24 (3)
Vitellianus	— 6 — 0 — 0 (2)	—14 — 6 — 0 (9)
Sergius	—14 — 8 —23 (2)	—13 — 8 —23 (3.9)
Johannes (VII)	— 2 — 6 — 0 (2.3)	— 2 — 6 —17 (9)

Ferner haben 7 und 9 folgende zwischen Bonifaz III. und Honorius (554 b. 28. 29) ausgelassenen drei Päpste, aber mit arg corrumpierten Zahlen, so dass man sie für einen spätern Zusatz halten möchte:

Bonifacius (IV): { a. 6 m. 9 d. 13 (7)
                  { a. 6 m. 0 d. *33* (! 9)

Deusdedit: { a. 3 m. 0 d. *33* (! 7)
           { a. 3 m. 8 d. 13 (9)

Bonifacius V   a. 5 m. 0 d. *33* (!)

Die richtigen Zahlen wären a. 6 m. 8 d. 13, a. 3 d. 23, a. 5 d. 10. Ausserdem finden sich noch manche einzelne Fehler; namentlich sind in dieser Beziehung die 3 letzten Päpste der Reihe bemerkenswerth, welche einen merkwürdigen Einfluss der 2. und 3. Gruppe der Hss. zeigen.

Ein abschliessendes Resultat dieser Untersuchung wage ich noch nicht zu geben. Die grossen Differenzen der Hss. unter einander verlangen eine noch vollständigere Collation; auch darf man von der lange erwarteten Ausgabe des L. P. in den Monumenten einige Aufklärung hoffen.

Die von R. selbst angegebene Summe der Amtsdauer der Päpste (a. 703 m. 8 d. 26), die handschriftlich völlig beglaubigt ist, muss uns vollends in Erstaunen setzen; sie stimmt, wenn wir die Addition ausführen, weder mit den Ausgaben noch mit den besprochenen Hss., am wenigsten mit 9 (a. 771 d. 11) und 7 (a. 750 m. 2 d. 22, soweit man trotz der Verstümmelung am unteren Rande der Seiten sehen kann). Entweder hat sich R., den wir schon als schlechten Rechner kennen, in der Addition geirrt, oder es liegt uns in 7 und 9 ein überarbeiteter und nach guten Quellen emendierter Text

---

[1] In 7 ist der untere Rand der Zeile verstümmelt; daher fällt seine Lesart hier und an einigen andern Stellen fort.

des Catalogs vor. Da die Sedisvacanzen gar nicht berücksichtigt sind, so liegt es auf der Hand, dass diese Zahl weder mit der Summe der Kaiserregierungen, noch mit der Jahreszahl der Annalen stimmen kann.

8. Benutzung des Paulus Diaconus und die Quellen über fränkische Geschichte.

Schon oben wurde erwähnt, dass Paulus Diaconus' Langobardengeschichte die Lieblingsquelle des R. war, sowohl wegen des relativ guten Stils als wegen der reichen Fülle weltgeschichtlich interessanter Notizen. Wir sehen, dass neben der Geschichte der Langobarden Angaben der verschiedensten Art aus diesem Werke entnommen sind; auch wo ihm die Quellen des P. D. vorlagen, benutzte er doch meist dessen Fassung; selten sind Beispiele für das umgekehrte Verhältnis. Uebrigens ergänzt oder ändert er den Text des P. D. zuweilen aus anderen Vorlagen [1]).

Die Art der Benutzung ist verschieden. Bald schreibt R. einige Capitel wörtlich oder fast wörtlich ab, bald giebt er einen kürzeren oder längeren Auszug, oder wirft auch wohl die einzelnen Theile eines Buches bunt durch einander.

Trotzdem finden sich auch zahlreiche Nachlässigkeiten; einige von diesen wird man freilich den Abschreibern zuweisen müssen [2]). Mehrere dieser Fehler habe ich oben schon

---

1) So war ihm wohl 548 a. 24 Beda's Ausdruck „paschales circulos" (p. 192) geläufiger als der des P. D. „paschalem calculum" (I, 25); die ganze Stelle ist aber aus P. D. 548 b. 57 giebt er Narses den Titel patricius, wie ihn B. mehrfach nennt. 553 b. 64 ergänzt er den Bericht des P. D. VI. 49 nach L. P. II. 33 „elaborante pontifice Romano". Woher der Zusatz „septem milia de exercitu ceciderunt" stammt, weiss ich nicht (553 b. 9. P. D. VI. 36).

2) Wenn R. 551 a. 24 „cum XL militaribus viris" f. „cum LX milibus viris" (P. D. IV. 52) liest, so ist wohl sicher eine Corruption der Hss. anzunehmen; der Sinn möchte aber vielleicht eher eine Aenderung des „milibus" in „militaribus" bei P. D. fordern.

angeführt. Häufig bewirkt die Auslassung von Satztheilen Undeutlichkeit, z. B. 549 a. 74, wo R. das „qui postea fuerunt" (P. D. III. 16) auslässt und so den Hauptsinn, dass die Könige sich nach Authari Flavier nannten, verdunkelt. Eine solche Unklarheit findet sich auch 549 b. 1 ff.:

R.	P. D. III, 16.
Duces . . . substantiarum suarum medietatem regalibus usibus tribuunt, ut esse posset, unde rex ipse, sive qui ei aderant, *per diversa officia alerentur*.	ut esse possit, unde rex ipse sive qui ei adhaererent *ejusque officiis per diversa officia dediti*, alerentur.

Der grösste Fehler aber ist 553 b. 61 ff.:

R.	P. D. VI. 49.
Per idem tempus Liutprandus rex castra Aemiliae, Feronianum . . . invasit, sed *post aliquot dies* (Romano pontifice elaborante) *Romanis reddita sunt*.	Rex quoque Liutprandus castra Aemilia, Foronianum . . invasit. *Pari quoque modo tunc et Sutrium pervasit; sed post aliquot dies iterum Romanis redditum est*.

Doch möchte ich diesen Fehler für ein Versehen der Abschreiber halten; denn auch L. P., den er ja an dieser Stelle ebenfalls benutzt (s. p. 60. Anm. 1), berichtet nur die Rückgabe von Sutrium, hätte ihn also wohl auf sein Versehen aufmerksam gemacht.

Einige andere kleine Abweichungen haben keinen äusseren Grund. Abgesehen davon, dass R. einmal consulem für exconsulem schreibt[1]), begeht er eine thatsächliche Unrichtigkeit, wenn er die Eroberung von Treviso durch Albuin erzählt; P. D. sagt im Gegentheil, Albuin habe dem Bischof Felix „omnes suae ecclesiae facultates" bestätigt[2]). Einen Widerspruch hat R. 551 a. 72. 74: „(Constantinus) Beneventum intravit" . . . „deinde Beneventum cum omni exercitu circumdedit", während P. D. V. 7 richtiger sagt: „Beneventanorum fines invasit".

---

1) 548 a. 14 P. D. I, 25. Der cod. Lindenbrog. des P. D. hat „proconsulem".

2) 548 b. 70. P. D. II. 12.

Dagegen hat R. an einer anderen Stelle entschieden den P. D. verbessert:

R. 549 b. 45—47.	P. D. III. 28.
Mauritius imperator legationem *ad Childebertum* regem dirigit, mandans ei . . . ut Langobardos ab Italia removeret.	Inter haec *(Childebertus)* legationem *ad imperatorem Mauricium* direxit, mandans ei, ut . . . nunc contra Langobardorum gentem bella susciperet.

Denn Mauritius war es, der den Childebert aufgefordert hatte, die Langobarden aus Italien zu vertreiben (P. D. III. 17), und die Franken fielen in der That nachher in Italien ein (III. 28).

Schliesslich sei noch erwähnt, dass die Reihenfolge der langobardischen Könige von R. sehr unvollständig und verwirrt angegeben ist; namentlich ist nach P. D. (IV. 48) Rodoald der Sohn und Nachfolger, nicht der Vorgänger Rothari's (550 b. 71). —

Die barbarische Form der *Gesta regum Francorum* schreckte Regino sichtlich von einer eingehenden und wortgetreuen Benutzung dieses Werks ab. Doch entnimmt er eine Menge Notizen zur fränkischen Geschichte daraus; besonders genau hat er überall die Kirchen, in denen die Mitglieder der königlichen Familie, berühmte Bischöfe und andere hervorragende Männer begraben sind, verzeichnet.

Die Benutzung beschränkt sich meist auf einen so kurzen und freien Auszug, dass man oft zweifelhaft werden könnte, ob in der That die G. Fr. oder ob eine andere kürzere Quelle vorlag. Doch einzelne zufällig erhaltene Ausdrücke und wörtlich übernommene Sätze beseitigen diesen Zweifel; wenigstens besitzen wir keine Quelle, auf die sich diese Angaben mit demselben Recht zurückführen lassen [1]).

---

1)
R. 547 b. 70—71.	G. F. cap. 20.
Sigismundus rex Burgundionum monasterium ss. Agaunensium aedificat.	Tunc temporis Sismundus rex aedificabat monasterium ss. martyrum Agaunensium.

549 a. 64 „hic fuit postea rex magnus, qui genuit Dagobertum" wie G. Fr. cap. 35. Der Ausdruck „tributarios" 547 b. 43 entspricht G.

Ob aber R. nicht anstatt des ganzen Werkes einen Auszug vor sich hatte, lässt sich allerdings nicht entscheiden.

Keine Quelle bedurfte so vieler grammatischer Verbesserungen als diese. Auch hielt Regino es mehrfach für nöthig, Zusätze zu den Angaben der G. Fr. zu machen, freilich nicht immer mit Glück. So berichtet keine Quelle, dass Sigibert nach Chariberts Tode dessen Reich an sich gerissen habe; die drei überlebenden Brüder theilten vielmehr das Reich unter sich, und R. schloss seine Angabe wohl nur daraus, dass er nachher Sigibert im Besitz von Paris sah [1]). Sehr auffällig, aber wohl nur ein willkürlicher Zusatz, sind die Worte 549 a. 57 f. „et de jugere modium unum". Nach G. F. cap. 34 bestimmte Childebert „ut possessor de propria terra unam amphoram vini per arepennam redderet; sic et de reliquis terris et universa substantia faciebat"; ähnlich sind die Worte Gregors V. 29.

An anderen Stellen ergänzt R. den Zusammenhang richtig, z. B. 548 b. 3 f. „regna quae fratres et nepotes tenuerant in Chlotharii rediguntur potestatem", was die G. F. cap. 28 nicht so ausdrücklich hervorheben.

Einige andere Fehler kommen ausser den angegebenen noch vor z. B. 548 a. 1 „a supradictis filiis Clodovei"; der Mord ging nur von einem derselben, Clodomir, aus; vgl. G. Fr. cap. 20. Ein Leser der Hs. 3 bemerkte den Fehler, radierte filiis aus und schrieb dafür „filio", darüber „clodo-

---

Fr. cap. 15, findet sich aber nicht im Gregor von Tours II. 30; ebenso „triduanas" (547 b. 46) G. F. cap. 16, bei Ado „solennes" (V. Id. Mai). Speciel gegen die Benutzung Gregors entspricht die Erzählung von der Verstossung der Königin Audovera, die uns in dieser Weise zuerst in G. Fr. begegnet (548 b. 31 ff. G. F. cap. 31. Gregor IV. 28).

1) 548 b. 27—28. G. F. cap. 31 und Gregor IV. 26 berichten nichts über die Schicksale von Chariberts Erbe; Tours und Poitiers waren nach Gregor IV. 40 per pactum in die Hände Sigiberts gekommen. Vgl. Digot, Histoire du royaume d'Austrasie I. 334. Gerard, Histoire des Francs d'Austrasie I. 275 u. a. — Richtig aber ist der Zusatz 548 b. 37 „regionem quam avunculus ejus Hercsbertus tenuerat"; denn diese Gegend (trans Ligerim) war ein Theil des Reiches Chariberts.

miro". R. erzählt ferner 548 a. 48—50 nach P. D. II, 2 den Einfall des Bucelin und Hemming in Italien und lässt darauf (548 a. 71—b. 3) die Einwanderung der Langobarden und den Einfall Teudeberts in Italien, sowie seinen Tod nach der Rückkehr nach G. Fr. cap. 26 f. folgen. Der Hergang ist jedoch sowohl nach P. D. als nach G. F. folgender: Teudebert kam zuerst nach Italien, um den Westgothen gegen Narses und seine langobardischen Bundesgenossen beizustehen (die Abdankung des Narses und die eigentliche Einwanderung der Langobarden erfolgte erst später); als Teudebert zurückkehrte, liess er Bucelin und Hemming zurück, die den Krieg weiter führten; bald darauf starb er. Jedenfalls hat die doppelte Vorlage diesen Irrthum hervorgebracht.

Von 550 b. 53 an, der ersten Erwähnung Dagoberts, sind die *Gesta Dagoberti regis* eine Quelle unsers Autors. Uebrigens gilt von ihrer Benutzung ganz dasselbe, was über die der G. Fr. gesagt ist: auch aus ihnen ist nur ein ganz kurzer Auszug gemacht.

Ausserdem standen R. für die fränkische Geschichte einige Heiligenleben zu Gebote; eine etwas ausgedehntere Benutzung lässt sich allerdings nur von folgenden dreien annehmen:

1. *Vita S. Goaris*, welche 839 von Wandelbert im Kloster Prüm verfasst ist [1]); aus ihrem 3. 4. 5. und 28. Cap. hat R. die Stelle 550 a. 20 ff. über den h. Goar entnommen.

2. *Vita S. Columbani* auctore Jona [2]); der Auszug ist allerdings so frei, dass man lieber eine mittelbare als eine unmittelbare Benutzung annehmen möchte. Auch finden mehrere Ausdrücke, welche 550 a. 49—57 (= cap. 6. 10. 11. 17. 19. 31 ff. 53. 59. 60 der V.) stehen, ihre Bestätigung nicht in der Vita; so erwähnt letztere nicht eine ausdrückliche Erlaubnis König Teudeberts zur Gründung des Klosters Luxeuil; doch kann R. diess wohl aus den Worten des 18. Cap.: „Theodericus . . . ad cum saepe veniret et oratio-

---

1) Wattenbach D. G. II, 16. p. 173.
2) ib. I. 11. p. 85.

num suarum suffragia omni cum humilitate deposceret" geschlossen haben. Dass er in Alamannien seinen Schüler Gallus zurückgelassen habe, ist in der Vita S. Columbani gar nicht bezeugt; es könnte diess wohl eine Reminiscenz aus der Vita S. Galli [1]) sein. — Spurweise findet sich auch eine Einwirkung der V. Col. auf die folgende Darstellung der fränkischen Geschichte. Der sehr auffällige Ausdruck „caudis" (550 b. 35) findet sich dort (cap. 58), während die G. Fr. „pedibus" haben.

3. Aus der (älteren) *Vita S. Landeberti* auctore Godescalco ist 552 b. 68—72 (= cap. 2. 4. 7. 8) entnommen. Auch hier begeht R. aber eine Ungenauigkeit, indem er als Grund von Landeberts Ermordung nicht, wie die Vita, die Privatrache des Dodo, sondern — vielleicht durch ähnliche Verfolgungen im Leben Columbans veranlasst — die Misgunst des Hofes angiebt.

Ausserdem mögen R. noch andere Lebensbeschreibungen vorgelegen haben; aber die Angaben über eine ganze Reihe kirchlich bedeutender Männer sind so kurz und allgemein gehalten, dass sich in der That kein Rückschluss auf die Quellen machen lässt. Ich werde diese Notizen von unsicherer Herkunft im nächsten Abschnitt kurz zusammenstellen. —

Wie schon oben bemerkt, lag unserm Autor für die Zeit Karl Martells ein karolingisches Annalenwerk vor; der Ausdruck „secundum Dionysium" (554 b. 64) kann wohl auf nichts anderes bezogen werden. Diess Annalenwerk war (wie z. B. auch die Ann. Laurissenses minores) nach Regierungsjahren gegliedert. Es war offenbar ein Exemplar der *Ann. S. Amandi;* die Chronologie stimmt wenigstens völlig überein, wenn man das Jahr 716 als das erste Regierungsjahr Karls ansetzt. Die Ann. Petaviani, welche Pertz für die Vorlage hielt, können sie nicht gewesen sein; denn nur das hat R. aufgenommen, was diese aus den Ann. S. Amandi schöpften; die Zusätze aus den Ann. Mosellani fehlen durch-

---

1) M. SS. II. p. 8 „(Gallus) ergo arbitrio proprio tunc relictus est qui diu sub magisterio aliorum eruditus est".

weg¹). Zwar scheint bei flüchtiger Betrachtung das Jahr 741 einen dieser Zusätze zu bringen:

R. 553 a. 73 f.	A. S. Am. 716.	A. Pet. 716.
Carolus princeps contra Ratbodum regem Fresonum *multa certamina conserit.*	Quando Radbodus venit in Colonia mense Martio.	Quando Ratbodus venit Coloniam in mense Martio; *tunc pugnavit Carolus contra eum.*

Allein derartige Zusätze machte R. fast bei jedem Feldzuge, den Karl unternahm, wie die sogleich folgende Uebersicht über die betreffenden Stellen zeigt. Wichtiger möchte sein, dass die Zahlangabe „anno 24. regni sui" (554 a. 14) keine Bestätigung in den Ann. S. Amandi findet, welche a. a. 739 gar keine Nachricht geben; wir müssten hiernach wohl ein vollständigeres Exemplar dieser seiner Vorlage annehmen. Den Tod Eudos (554 a. 8) melden die Ann. S. Am. ebenfalls nicht, und wenn R. ihn im Kampfe mit Karl umkommen lässt, so ist das entschieden ein Irrthum, da keine Quelle dafür eintritt ²).

Der Ausdruck „Wistracha" (554 a. 5) entspricht am Genausten dem „Westrachia" des continuator Fredegarii (cap. 109. Duchesne I. p. 771), während die Ann. S. Am. „Wistragou" lesen. Es ist nicht unmöglich, dass eine mittelbare oder unmittelbare Benutzung von Reginos Vorlage beim 2. Fortsetzer des Fredegar stattgefunden hat; schon L. Oelsner³) hat ein Annalenwerk als Quelle desselben vermuthet. Auch der Titel Karls „princeps" und vielleicht die Berichte vom glücklichen Ausgang der Kämpfe Karls, welchen die Ann. S. Amandi gewöhnlich nicht erwähnen, sprechen dafür;

---

1) So lässt R. 553 b. 36 f. (vgl. A. Pet. a. a. 725) den Tod der Chrotrud und die Ankunft der Saracenen, 39 ff. (a. a. 731) den Tod des Raganfrid, 554 a. 8 f. (a. a. 736) den Tod des Audoin, 554 a. 22 f. (a. a. 741) den Tod des Theodoald fort.

2) Breysig, Jahrbücher des fränk. Reiches unter Karl Martell p. 75.

3) De continuato Fredegarii scholastici chronico. Diss. Berol. 1849. p. 42 ff.

doch könnte letzteres auch blosse Ausschmückung sein [1]). —
Die Angaben sind indes zu dürftig, als dass der Zusammenhang mit dem cont. Fred. näher nachzuweisen wäre; auch hat dieser die Chronologie fast gar nicht berücksichtigt.

Uebrigens können wir diesem Annalenwerk nur folgende Stellen vindiciren:

R.	A. S. Am. (M. SS. I. 7 ff.)
553 a. 73 ff. *Carolus princeps* contra Ratbodum regem Fresonum *multa certamina conserit.*	716. Quando Radbodus venit in Colonia mense Martio.
Qui tyrannus *divino nutu* percutitur anno praefati principis 4.	719. Radbodus obiit.
A. 5. regni sui pugnavit idem C. adversum Saxones *eosque vicit.*	720. Karlus bellum habuit contra Saxones.
553 b. 36 ff. C. princeps 10. a. regni sui cum Bajoariis pugnavit *eosque vicit.*	725. K. primum fuit in Bajoaria.
Idem rex 15. a. r. s. Alamanniam ingressus contra Lautfridum dimicavit *et sibi eandem gentem subjecit.*	730. K. perrexit ad Suavos contra Lantfredum.
16. a. r. s. Vasconiam ingressus, Eudonem ducem Aquitaniae bello perterruit.	731. K. fuit in Wasconia contra Eodonem.
17. a. Sarraceni (folgt P. D.)	732. K. bellum habuit contra Saracinos in mense Octobri.
554 a. 5 ff. C. 18. a. r. s. cum exercitu in *Wistracha* venit *eamque suae ditioni subjecit.*	733. K. cum exercitu venit in Wistragou.
A. 20. r. s. iterum cum valida manu Vasconiam in-	735. K. cum exercitu fuit in Wasconia.

---

2) 558 b. 2. 39. 41. 554 a. 6. cf. Ann. S. Am. a. a. 720. 730. 731. 733. Fred. cont. cap. 108. 109.

gressus est *et Eudonem regno simul et vita privavit.* Sequenti anno contra filios ejusdem Eudonis dimicavit. A. 22. r. s. Sarracenorum. (folgt P. D.) 554 a. 14. A. 24. r. s. . . . (folgt P. D.) 554 a. 22 — 23. A. 26. r. s. Carolus *bellicosissimus et victoriosissimus* princeps Francorum moritur.	736. K. dimicavit contra filios Eodone. 737. K. bellum habuit contra Saracinos. 739. 741. K. dux Francorum mortuus est Id. Octobr.

9. Stellen des ersten Buches von undeutlicher Herkunft.

Das meiste hierher Gehörende ist schon oben besprochen [1]).

Verschiedene Notizen, namentlich Namen hervorragender Personen, sind nachweislich spätere Zusätze; einige von diesen hat nur die Pariser Hs. 5016 (6) und ihre Verwandtschaft; so 547 a. 62—65. 547 b. 45. Ebenso möchte „Kylianus episcopus Wirciburgensis, Arnnal ejus discipulus clarescit" (552 a. 55 — 57) ein Zusatz sein; die Pariser Hs. hat diese Worte nicht, sie finden sich allerdings auch in den Ann. Reichersperg. a. a. 685. Auch einige Sätze, die sich nur in den Hss. mit cont. finden, erwecken wegen ihrer speciellen Bezugnahme auf Trier die Vermuthung, dass sie Interpolationen des Fortsetzers sind. So der Bericht über die Gründung eines Klosters in Trier (546 b. 14 — 22), der sich schon in M. findet und in 3 von einer Hand 15. Jahrh. am untern Rande nachgetragen ist (vgl. Arch. XI. 299), und der Passus über den Bischof Agricius, der in den Ausgaben fehlt und oben (p. 21. Anm. 2) aus den Wiener Hss. angeführt ist. Andere vielleicht von R. selbst nach localen Notizen angeführte, vielleicht erst später von ihm hinzugesetzte Stellen

---

1) Eine Quelle für die jüdische Geschichte p. 45 f. Der Papstcatalog p. 55 ff. Die Annalen p. 65 ff.

sind: „Severinus episcopus Coloniae Agrippinac clarus habetur" (547 a. 32 f.), „Abrincatis Paternus episcopus civis Pictaviensis nitescit" (549 b. 50 f.), „in Galliis Audoenus Rotomagensis, Eligius Noviomensis, Sulpicius Bituriaccensis episcopi clari habentur" (552 b. 39 ff.).

Entschieden für eine falsch übernommene Randbemerkung oder einen späteren Zusatz ist zu halten: „Arnulfus episcopus et Romaricus abba clari habentur" (552 a. 1); denn schon vorher (551 b. 62) ist Arnulf's Tod erwähnt. Diese Stelle, sowie eine andere Angabe über Arnulf, welche die Nachrichten von G. F., G. D. und P. D. ergänzt, könnten möglicher Weise aus der älteren Vita S. Arnulfi[1]) stammen; wenn R. 550 a. 39 sagt: „hujus (Theodeberti) regis major domus fuit Arnolfus", so hat diess seine Quelle (G. F. cap. 35 37) nicht, die Vita (cap. I. §. 4) aber berichtet wenigstens „ut sex provinciae, quas et tunc et nunc totidem agunt domestici, sub illius amministratione solius regerentur arbitrio". Auch Romaricus wird in der Vita cap. I. §. 6 ausdrücklich hervorgehoben, freilich nicht als „abba" bezeichnet. Jedenfalls ist die Annahme der Benutzung keine sichere, zumal eine dritte Stelle über Arnulf „et s. Arnulfi Metensis episcopi consiliis commendatur" (Dagobert. 550 b. 70) keine Bestätigung in der Vita findet; G. D. cap. 14 und G. F. cap. 46 nennen bloss Pippin als seinen Berather. — Mehr Wahrscheinlichkeit hat die Ableitung einiger Zusätze zu Ado II. Kal. Spt. über Paulinus von Trier aus der Vita S. Paulini, die nach Pinius im 9—10 Jahrh. wahrscheinlich in Trier entstanden und nach einem Trierer Ms. in den Acta SS. Boll. (Aug. VI. 676) gedruckt ist; die Benutzung würde sich allerdings auf wenige Worte („successor s. Maximini episcopi" 546 b. 50 = Vita cap. I. §. 5 „inde Treveris reportatur" 546 b. 54 = cap. II. §. 15) beschränken.

Die wenigen allgemeinen Angaben über Martin von Tours (547 a. 15 f. 31) haben einen so unbestimmten Character, dass man sie mit gleichem Recht auf Gennadius, Cassiodor, Sulpicius Severus u. a. zurückführen könnte. Mög-

---

1) Wattenbach D. G. II, 1 p. 92. Acta SS. Boll. Juli IV. 435 ff.

lich, dass unserm Autor für solche und ähnliche Angaben eine Art liber de illustribus viris vorlag; aber keine Spur deutet darauf hin, dass dieses eins der uns überlieferten war.

Die Nachrichten über Augustin (547 a. 33 ff.), Boëtius (547 b. 62 ff.), Isidor (551 a. 12—19)[1]) sind vielleicht aus Regino's eigener Kenntnis geflossen; sein kirchenrechtliches Werk setzt ja die Bekanntschaft mit der einschlagenden Literatur, namentlich auch mit den Toletanischen Concilienbeschlüssen voraus. Dasselbe kann auch für die Nachrichten über Eutices gelten, die sachlich gleichfalls nichts Neues bringen (547 a. 52—56. 61—69)[2]).

Anders verhält es sich mit einem merkwürdigen Zusatz (553 b. 9) zu P. D. VI. 36 „septem milia de exercitu ceciderunt" (im Kriege zwischen Anastasius II. und Theodosius III). Diese Zahl scheint nur im R. erwähnt zu sein; eine Bestätigung dafür habe ich nirgends finden können[3]).

10. Die nicht originalen Theile des 2. Buchs der Chronik (741 — 813).

„Haec, quae supra expressa sunt, in quodam libello reperi, plebejo et rusticano sermone composita, quae ex parte ad latinam regulam correxi, quaedam etiam addidi, quae ex narratione seniorum audivi".

---

1) Ihre sachliche Bestätigung erhält die Stelle durch die Acten des IV. und V. Toletanischen Concils (Collectio concil. Hispaniae ed. Garsiae Loaisa. Madrid 1603 p. 330 ff. 376 ff.) und durch Ildefonsi Liber de illustribus viris (Opp. S. Isidori ed. Jacob du Breuil. Paris 1601 p. 736).

2) Zu bemerken ist, dass 547 a. 55 die Lesart von 2. 3 ist: „ . . . scribit. Flavianus Constantinopolitanus episcopus Euticem dampnat". Der Sinn ist dann freilich unklar; wenn wir aber gemäss der Lesart der Ann. Reichersp. a. a. 445 („hic et multa") für „ad quem" „qui" lesen, so verschwindet jede Schwierigkeit. Leo's Briefe an Theodosius s. Jaffé Reg. Pontif. No. 199. 202, an Pulceria No. 203. 204.

3) Marianus Scotus a. a. 739 hat diese Stelle aus R., nicht aus P. D., wie die Ausgabe in den Mon. angiebt.

So berichtet R. selbst über diesen Abschnitt [1]) und deutet damit an, dass eine einheitliche Quelle ihm vorlag, die nur wenige Erweiterungen durch ihn erfuhr. Diese Quelle war, wie schon Pertz angegeben hat, die Annales Laurissenses majores; und damit stimmt ja auch Regino's Bemerkung über den Stil seiner Vorlage überein.

Offenbar lag unserm Schriftsteller ein Exemplar dieser Annalen bis 813 vor; die letzten Worte dieses Jahres (566 b. 57—61), die den Tod und das Begräbnis Karls des Grossen enthalten, sind augenscheinlich nicht auf die Laur. zurückzuführen; schwerlich hätte R. sonst Karl 813 (eodem anno) sterben lassen; auch hätte er wohl das Datum seines Todes mitgetheilt. Eine längere Bemerkung über das Begräbnis Karls hat zwar eine Hs. des 15. Jahrhunderts (cod. 11 bei Pertz), und diese Stelle zeigt im Anfang Verwandtschaft mit Reginos Notiz; aber ohne Zweifel ist dieselbe ein späterer Zusatz, der eher theilweise aus R. geflossen sein könnte [2]).

Auch die beste Hs. der Laurissenses (Cod. bibl. Christinae reg. 617. 9. Jahrh. no. 2 bei Pertz, nach ihm identisch mit no. 3, dem Cod. Petavianus) schliesst 813, wenn auch einige Worte später als Regino. Leider ist diese Hs. nur fragmentarisch erhalten; sie beginnt erst 777 „placitum hoc vocabulo"; ausserdem fehlt ein Blatt a. a. 787 und ein anderes mit den Jahren 791 — 794; ursprünglich sind diese Lücken in der Hs. nicht. Der von Duchesne benutzte Cod. Loiselianus (no. 7 bei Pertz), eine Abschrift von 2, macht uns den Verlust weniger fühlbar.

Offenbar hat Regino den Cod. Christ. oder einen ihm sehr ähnlichen benutzt. Abgesehen vom Endjahr, bietet das

---

1) M. SS. I. 566, 62 ff. Cod. M. setzt der Bemerkung voraus: „Anno incarnationis Domini 814".

2) Der Anfang der Stelle lautet:

Hs. 11 der L.	R.
„sepultus Aquis in basilica s. Dei genitricis quam ipse construxerat.	Aquis in basilica s. *Salvatoris* et s. Dei genitricis Mariae honorifice sepultus est, quam basilicam ipse mirifico opere a fundamento aedificare fecit.

Jahr 776 einen, wie mir scheint, zwingenden Beweis. Die ganze Stelle 558 b. 46—62 (sed cum illi — sperantes in se) hat Pertz wohl mit Recht als einen spätern Zusatz in den Lauriss. bezeichnet; sie findet sich nicht in allen Hss., in mehreren steht sie an einem anderen Platze, so dass sie sich nicht auf die Belagerung der Eresburg, sondern auf die von Siegburg bezieht [1]); nur die Hss. 5. 6. 7 haben sie wie R. Die Hss. 5. 6 (Cod. bibl. Caes. Vindob. 473 und 612) können nicht in Betracht kommen; denn die Verschwörung des Hardrad a. a. 785 (p. 168, 6—8), welche nur diese Hss. haben, fehlt auch im R. Auch stimmt das Ende dieser Hss. nicht mit unserm Autor.

Als weitern Beleg für die Verwandtschaft von Reginos Vorlage mit cod. 2 der Laur. führe ich noch an, dass die Stelle 558 a. 18—29 (rex dum — cremaretur), welche R. zu 774 setzt, in mehreren Hss. der Laur. ganz fehlt, in anderen zum Jahr 773 gesetzt ist; wieder haben nur 5. 6. 7 sie an dieser Stelle [2]). Kleinere Belege, wie z. B. 558 a. 6 „montem Jovis" mit 1. 7 gegen die Lesart der andern „montem Jovem" glaube ich übergehen zu dürfen, da der Text des R. nicht ganz feststeht. Ein scheinbarer Widerspruch hier und da, wie z. B. 555 a. 15 „in eodem itinere", wo cod. 7 „ipso tempore" hat, 555 a. 23 „Hochseoburch" gegen „Odiserburg" 7, u. a. mag sich daraus erklären, dass uns der Text von 2 nicht vollständig vorliegt, und die Abschrift 7 doch manche kleine Aenderungen hat; ebenso ist anzunehmen, dass die Stelle 556 a. 31—33 über die Weihnachtsfeier des Jahres

---

1) Mon. SS. I. p. 154, 31. n. n. Uebrigens steht die Stelle, wie Pertz richtig bemerkt, an beiden Orten am falschen Platze; namentlich die Lesart, der R. folgt, hat einen Widerspruch in sich: zuerst wird berichtet, die Franken hätten die Eresburg verlassen, sogleich darauf, sie hätten sich nicht überlisten lassen, sondern die Burg sei von den Sachsen angegriffen worden. etc. R. suchte sich zu helfen, indem er die erste Stelle „sic — destruxerunt inde" (154, 29 f.) ganz auslässt.

2) Cf. Mon. SS. I. 152, 3. n. c.

753, die sich nur in Hs. 5 der Laur. findet, auch in dem verlorenen Theil von 2 gestanden hat [1]).

R. benutzt übrigens die Laur., wie seine anderen Quellen. Wie er selbst sagt, sucht er sie überall nach den Regeln der Grammatik zu verbessern. Die zahlreichen preisenden Benennungen Karls des Grossen, wie magnus, gloriosus, mitissimus rex u. dgl., lässt er fort. Auch manche andere Notiz übergeht er, doch im Ganzen folgt er dem Original seinem Inhalt nach sehr treu. Andrerseits schmückt er die dürftigen Notizen aus [2]), wobei er mitunter etwas kühn verfährt [3]). Meist sind seine Aenderungen unschädlich, z. B. a. a. 756 „suus effectus est" für „in vasatico se commendans per manus" (L. a. a. 757), 558 a. 69 „orientales Saxones" für „Austreleudi", 560 a. 40 „princeps cocorum" für „sinescalcus" u. dergl. Gern zeigt er gelegentlich seine Gelehrsamkeit, wie 556 a. 44 „Thermopylas id est clusas" für das einfache „clusas", 564 a. 67 f. „comitem stabuli, *quod corrupte constabulum appellamus*" u. ä.

Doch auch an Corruptionen fehlt es nicht. Die Laur. lassen bekanntlich die Jahre 751. 752 aus und fahren mit 753 fort. R. schreibt 751. 752. 753 = 753. 754. 755, fährt

---

1) Cf. ib. 138. n. u.
2) Cf. a. 741. 745.
3) z. B. a. a. 743.

R.	L.
Theodericum Saxonem obsidem accepit; qui sacramentis datis in patriam dimissus est redire, sed posthabito sacramento fefellit.	Theodericum Saxonem placitando conquisivit.

Regino dichtete sich wohl die ganze Geschichte hinzu, weil Theoderich 744 wieder gefangen wird. Ueber die Sache vgl. H. Hahn, Jahrbücher des fränk. Reichs 741—752 p. 174. — Ebenso ist auch 561 b. 7 „ipse per Thuringiam" hinzugesetzt, vielleicht eine unwillkürliche Wiederholung dieser Worte von 560 a. 7. Zum Jahr 760 macht er den Zusatz, „de rebus et possessionibus illarum quae in suo ducatu erant" (factisch richtig; cf. Oelsner, Jahrb. des fränk. Reichs unter König Pippin p. 343); und ferner ist nur bei R. Adalgarius ein Verwandter Waifars; dafür lässt R. den Eitherius aus (Oelsner a. a. O. 341). Einer Randbemerkung ähnlich ist 564 a. 3 „in Batua". Wohl eine blosse Erweiterung ist „duci qui Fresiam praevidebat" (565 a. 27).

dann mit 755—758 = 756—759 fort und lenkt mit 760 erst wieder in die Bahn seiner Vorlage ein. Das falsche Todesjahr Karls d. Gr. wurde schon oben erwähnt [1]). Auch zahlreiche Namen sind corrumpiert, wenn gleich hier manches Schuld der Abschreiber war [2]). So entstand aus „de Sigiburg" (L. a. a. 776) „Desuburgh" (558 b. 64); 559 a. 20 liesst M. „ibina iarabi [Iarabi 3] et filius devizefi qui lammejoseph [jam joseph 3]" für die Worte der Laur. (a. a. 777): „Ibinalarabi et filius dejuzefi qui et latine Joseph". Ferner 560 a. 21 „Adrine" für „ad Rimie", 561 b. 69 „Adulo hoc" [hog M] für „Haduloha", 561 b. 73 „Ibin magni" [magae M] für „Ibinmaugae", 563 a. 26 „Amirmulin" [Amirmunmilin M] für Amiralmuminin, 562 a. 26 „Hebruinum" [Ebroinum M] für Eburisum, 562 b. 11 „Oscaclavis" für „Osca, claves..." Wenn der Elephant des Harun al Reschid, Abulabaz, auch nicht, wie die Ausgabe (563 a. 61) will, ein Ambulator (3 hat ambulans) wurde, so corrumpierte R. den Namen doch in „Ambulat" (M). Für Asturia scheint R. stets „Austria" gebraucht zu haben; wenigstens lesen so 2. 3. M. 5 a. an allen Stellen, wo es vorkommt (562 a. 15. 41).

Auch sinnstörende Fehler kommen vor. So erzählt R. die Salbung Pippins doppelt a. a. 752. 753, wohl veranlasst durch die Clausula de consecratione, die er dort ausschreibt (s. u.). 557 a. 27 spricht er von einem castellum Avernum, das nach Laur. a. a. 761 eine Landschaft ist (et in Alverno alia multa castella cepit). 563 b. 4 sind die beiden Personen „Calistus et Candidatus" für eine zu nehmen (L. Calistus candidatus). Ein ganz anderer Sinn entsteht durch Veränderung des „reddendis" in „retentis" (563 b. 25). Auch 565 b. 20 macht es einen wesentlichen Unterschied, wenn R.

---

1) Andere Fehler in Daten stellen sich als Mängel der Hss. heraus. So ist nach M. 557 b. 14 VIII. Kal. Octobr., 565 b. 55. VII. Id. Jun., wie in den Laur., zu lesen; auch 565 b. 56 kommt die Lesart XVIIII (M. 2. 3) näher an das XVIII der Laur. heran.

2) So ist nach M. 557 b. 23 „Coloniensem" in „Ecolensinam", 559 a. 44 „Duriam" in „Duciam", 564 b. 35 „Hilinones" in „in Linones" zu bessern, ebenso an vielen Stellen die Lesart von 2 und 3 „Abrotides" in „Abotridi" u. s. f. zu verwandeln.

sagt: „Godefridum haec omnia agere" gegenüber der Angabe der Laur. „Godofridum domo esse". Eigenthümlich ist ferner 559 b. 34, wo er die Gesandten des König Gottfried (die Laur. nennen Siegfried) „Altdeni et Hosmundi" nennt; der letztere Name findet sich, so viel mir bekannt, nirgends; wenn man ihn nicht für eine seltsame Corruption aus „(Halptani) cum sociis suis" halten will, so bleibt er ganz unaufgeklärt. Ebenso ist kein Grund zu finden, warum R. 562 b. 61 „Bethleem" für „Saba" setzt. Bei dem Titel des Hunnenkönigs Caganus, Capganus begeht R. stets den Irrthum, denselben für einen Namen zu halten, während die Laur. den Gebrauch besser kennen. Daher lässt R. nach dem Tode der früheren Fürsten einen neuen wählen, Namens „Kaiam" (561 a. 57); die Stelle der Laur. a. a. 805 „erat enim capcanus christianus nomine Theodorus" kann er sich natürlich nicht erklären und lässt sie darum aus. Ebenso kennt er nicht die Bedeutung des Ringes der Avaren und macht einen „Iringus gentis Avarorum princeps" (561 b. 37) daraus; natürlich musste er auch die Stelle „in hringo sedere" (Laur. 796) auslassen. —

Einige kleine Zusätze zu den Laur. habe ich schon oben angeführt. Die Stelle, von der R. sagt, dass er sie „ex narratione seniorum" habe, ist die bekannte Sage aus Karlmanns, des Bruders Pippins, Klosterleben (555 a. 45—b 55); sie ist aus R. in die Ann. Mettenses übergegangen. Eine zweite grössere Stelle, wo R. andern Gewährsmännern folgt als den Ann. Laur., ist 556 a. 54—556 b. 39. Es lag ihm hierbei *ein Brief Papst Stephan III.* vor [1]), den er wörtlich (mit Ausnahme einer einzigen überflüssigen Stelle und sehr

---

1) Jaffé Reg. pont. no. 1772. Bouquet Rec. V. 591 f. Die Datierung ist in den Ausgaben und in Hs. 2 falsch; man lese nach 3. M.: V. Kal. Aug. Der Brief selbst ist uns undatiert erhalten; doch ist nach einem alten Cod. Floriacensis das Datum des Wunders V. Kal. Aug. (Mansi XII. 557). Hilduin giebt in den Areopagitica das nämliche Datum für die Consecration an (Bouquet V. 436). Das Jahr 753 ist unrichtig; nach den Ann. Bertiniani (Mon. SS. I. 138) fand die Consecration 754 (VI. Kal. Aug.) statt. Cf. Jaffé Reg. pontif. p. 191 zu no. 1771.

unbedeutenden Aenderungen) aufnahm. Die folgende Stelle 556 b. 22—38 ist jedenfalls aus der *Clausula de Pippini in Francorum regem consecratione* [1]); die Benutzung ist zwar frei, aber der Inhalt stimmt völlig und einzelne Ausdrücke, wie

R.	Claus.
… indutam cycladibus regiis gratia Spiritus sancti septiformis …	regalibus indutam cycladibus gratia septiformis spiritus …

erheben die Vermuthung zur Gewisheit. Dass dieser Passus zur doppelten Erwähnung der Salbung Pippins Anlass gegeben hat, ist schon oben erwähnt.

Beide Stellen bezeichnet R. selbst als eigentlich ausserhalb der Chronik stehend; er macht den Uebergang zu seinem weitern Referat der Laur. mit den Worten: „haec non passi sumus praeterire; nunc ad chronicam revertamur"; ebenso nachher „his interpositis, ad chronicam redeamur".

Zu erwähnen ist noch der Zusatz zu 752 „Walfridus abba in Italia clarescit"; er macht den Eindruck einer Randbemerkung, obwohl er sich in allen Hss. zu befinden scheint. Wer dieser Walfrid oder Waltfred ist, wissen wir nicht; Pertz meint, R. deute auf Walafrid Strabo oder Paulus Diaconus, doch ist das eben nur Vermuthung, die nicht viel Wahrscheinlichkeit hat, man müsste denn annehmen, dass die Bemerkung ursprünglich an einer anderen Stelle gestanden hat.

Die Worte 562 a. 71. 72. „de quo in visione Witini legitur, quod inter martyres sit adnumeratus", welche die ann. Mett. dem R. nachschreiben, sind wohl ein eigener Zusatz von ihm. Ob dasselbe von den unmittelbar vorhergehenden Worten gilt „et in Augia sepelitur", welche in M. 3 und den Annalista Saxo fehlen, nicht aber in die Mettenses, ist kaum zu entscheiden.

Dagegen ist wohl entschieden die längere Bemerkung der Hs. 7 (558 b. 18 ff.) unecht [2]); die Quellen derselben

---

1) Bouquet V. 9 ff.
2) Auch a. a. 944 hat 7 einen localen Zusatz. Cf. Waitz G. G. Nachr. 1871. St. 15. 370.

habe ich nicht entdecken können. Hs. 3 benutzt an einigen Stellen die Annales Fuldenses zur Ergänzung; so a. a. 743 „His temporibus fundari coeptum est Fuldense coenobium a s. Bonifacio archiepiscopo in solitudino Bochonia" (vgl. p. 568 n. n.). Wenn dagegen 3 einige Male etwas auslässt, wie 559 a. 60 „Spoletanorum", 559 b. 27 „sed non diu — conservavit", 561 b. 61 „et celebravit — similiter", so ist das noch kein hinreichender Grund die Stellen in Klammer zu setzen, da 3 sehr viel solche Lücken hat (cf. p. 17), um so weniger als an allen drei Stellen die Laur. die Worte haben. Dagegen möchte ich 563 b. 70 „patrem" ganz streichen, weil es in M. 2. 3, dem Annalista Saxo und den Ann. Mettenses fehlt und jedenfalls nichts als eine übergeschriebene Glosse ist.

Die Chronik des Regino bis 813 hat somit als unmittelbare Geschichtsquelle fast gar keinen Werth; eine grössere Bedeutung hat sie, wie auch jede andere Weltchronik, für die Culturgeschichte; denn ohne Zweifel ist es ein höchst wichtiger Theil derselben, die Anschauungen, die ein Zeitalter von der Geschichte der Vergangenheit hatte, kennen zu lernen. Wenn uns diese Anschauung in allen Weltchroniken des früheren und in den meisten des späteren Mittelalters unverändert entgegentritt, so hat dieses seinen Grund in einem Umstande, den wir auch in Reginos Chronik mehrfach hervorheben mussten, in dem Vorwiegen der kirchlichen Geschichte. Diese — und im Anschluss an sie auch die profane Geschichte — hatte sich in einer durch Tradition geheiligten Form erhalten; an ihr zu rütteln, hätte als Frevel gegolten. „Es ist", wie Wattenbach mit Bezug auf die Chronik des Ado sagt, „die Geschichte vom Standpunkt der Autorität und der vorgefassten Meinung, der sie so lange beherrscht hat und eine unbefangene Auffassung der Ereignisse unmöglich machte".

Anhang I.

Analyse des 1. Buches der Chronik Regino's[1]).

544a		
1—2	Anno — natus est	B. p. 167
2—4	Eadem — circumciditur	Luc. 2, 8—18. 21 cf. Martyrologien Kal. Jan.
4—6	tertio — praedicatur	? cf. p. 44 f.
6—8	Quadragesimo — agnoscitur	Luc. 2, 22—38
8—9	posthaec — Herodis	Matth. 2, 14—15
10—12	Anno — praecepit	Matth. 2, 16
12—18	Deinde — percutit	? cf. p. 45
20	Anno — 7	? cf. p. 41. 46
20—21	Archelaus — regnat	B. 168.
21—24	Dominus — inhabitavit	Matth. 2, 22—23.
25—27	Duodecimo — invenitur	Luc. 2, 42. 46.
28—33	Archelaus — moritur	B. 168. (ausser postquam-imperium cf. p. 41 Anm. 3)
34	Anno — 16	? cf. p. 41.
34—35	Tiberius — 26	B. 168
36—39	Anno — 15	B. 168
39—47	Johannes — facit	Luc. cap. 3. 4.
48	Anno — 32	? cf. p. 41
48—50	Johannes — truncatur	Ado IV Kal. Spt.
51—52	Anno — redemit	B. 169
52—55	40 — apostolus	Acta Apost. cap. 1. 2.
55—57	Jacobus — lapidatur	B. 169
58—63	Anno — Febr.	Act. Apost. 9, 1—8. Ado VIII Kal. Fbr. Cf. p. 45 f.
64—69	Anno — praeficitur	B. 169
70	Anno — 43	? cf. p. 41
544a 70—544b 2	Herodes — peremit	B. 169
8	Anno — 47	? cf. p. 41
8—13	Jacobus — Barnabam	Acta Ap. cap. 12. 13. cf. p. 44 Anm. 3
13—14	Agrippa — Judaeorum	B. 169
15—18	Anno — Galatas	Selbständig
18—21	Deinde — gentibus	Gal. 2, 1
21—23	13 — profectus est	Beda ad Act. Ap. 13,1 } cf. p. 41 f.
24—34	ubi — probatur	Selbst.
34—46	Eodem — Florus	B. 170
47	Anno — 70	? cf. p. 41
47—48	Vespasianus — mittitur	B. 170
49	Anno — 72	? cf. p. 41
49—50	Romae — decollatur	B. 170

---

[1]) Um Raum zu ersparen, sind hier nicht berücksichtigt:
1. die meisten Anfangsjahre, die R. bis auf wenige selbst hinzugefügt hat (p. 38 ff.); 2. die Regierungsdauer, die aus B. sind (p. 38); 3. die Rechenexempel, die R. selbst zur Bestimmung der Anfangsjahre aufstellt (p. 40).

544b		
50—57	Sub Neroniana — Constantia	Ado
63—64	Anno — destruitur	B. 171
64—66	Hujus — coronatur	A. X. Kal. Aug.
71—		
545a 3	Hujus — scribit	A. II. Non. Mai
3—4	Flavia — exiliatur	B. 171
4—5	Anacletus — coronatur	Ado cf. p. 50
7—9	Johannes — scribit	B. 172
9—11	Hujus — Severini	Ado
17—18	Anno — requievit	B. 172
18—24	Trajani — episcopus	Ado cf. B. 172
26—29	Hujus — matre	Ado
29—30	Apud — habentur	B. 172
30—32	Dionysius — filiis	Ado
35—40	Justinus — uno	B 173
40—56	Horum — Lucius	Ado (Anicetus ? cf. p. 50)
59—67	Hujus — gestum sit	Selbständig
67—69	Ferunt — passus sit	B. 174 (?)
73—		
545b 4	Clemens — deputantur	B. 174. 175
13—14	Origenes — habetur	B. 176
14—18	Hujus — senator	Ado
20—22	hujus — presbyteri	A. (B. 176)
24—29	Origenes — fuit	B. 176
34—52	Hujus — suis	Ado cf. B 177. cf p. 48
54—55	Origenes — sepelitur	B. 177
57—67	Horum — episcopus	A. cf. B. 177 cf. p. 49
68—69	Theodorus — claret	B. 178
72—		
546a 2	Hujus — Eusebius	Ado
4—12	Hujus — presbyter	Ado
18—19	Anatholius — habetur	B. 179
24—27	Horum — milites	Ado
31—		
546b 13	Horum — virgines	Ado cf. p. 49. 52. (Basiliscus, Crispina)
14—22	Anno — fecit	? cf. p. 68
27—29	Silvester — celebratur	Ado II. Kal. Jan.
29—35	Crux — Quiriacus	Ado V. Non. Mai. L. P. I. 74. cf. p. 54
38—42	Horum — revocatur	B. 182
42—44	Julius — interficitur	L. P. I. 112. 114. 117. 119
44—49	Eusebius — strangulatur	Ado
49—54	Paulinus — reportatur	Ado II Kal. Spt. Vita Paulini ? cf. p. 69
57—65	Hujus — presbyter	A. cf. p. 49 (Faustus)
67—		
547a 3	Hisdem — moritur	B. 183 f.
3	Athanasius — decedit	A. VI. Non. Mai
6—15	Hunni — expulit	B. 184
15—16	Martinus — fulget	? cf. p. 69
16—17	Hieronymus — habetur	B. 185. A. II Kal. Oct.
18—21	Theodosius — interfecit	B. 185
21—22	Siricus — ecclesiam	L. P. I. 115. (ohne Zeitangabe)
22—23	Hieronymus — scribit	B. 185
23—25	Apud — praedixit	A. VI. Kal. Apr.

547a		
27—30	Gothi — revelantur	B. 185
31—34	Sanctus — dogmatizat	? cf. p. 69 f.
34—40	Pelagius — revelantur	B. 185. 186
41—42	Bonifacius — ecclesiam	L. P. I. 135. 138.
42—44	Hieronymus — confecit	A. II. Kal. Oct.
46—51	Valentinianus — transeunt	B. 187
51—52	Xistus — ecclesiam	L. P. p. 141
52—56	hujus — dampnat	? cf. p. 70
58—62	Joannes — moritur	B. 189
62—65	Severus — claret	? cf. p. 68
65—66	Leo — scribit	L. P. I. 151
66—69	Anatolius — voluisset	? cf. p. 70
69—70	Aëtius — occiditur	B. 189
70—		
547b 2	Apud — moritur	A. III. Non. Mai
4	huic — scribit	L. P. I. 151
5—6	Theodorus — scribit	B. 190
6—7	Hilarius — gubernat	L. P. I. 154. cf. B. 190
7—15	Victorinus — affecit	B. 190
15—21	Felix — percussus est	L. P. I. 164. 168. 170. 171.
23—24	Transamundus — misit	B. 191
24—37	Hujus — episcopus	Ado
37—39	Symmachus — ministrat	B. 191
39—40	Post hunc — constituitur	L. P. I. 181
40—45	Clodoveus — baptizatur	G. F. cap. 18. 8. 15
45	Atrebatis — ordinatur	? cf. p. 68
46—56	Mamercus — diviserunt	G. F. cap. 16—19
56—62	Anastasius — interficit	B. 191
62—65	Boëtius — conqueritur	? cf. p. 70
65—66	Praefatus — succedit	B. 191
66—69	Benedictus — effulsit	P. D. I. 26
69—70	Felix — ecclesiam	L. P. I. 195. 196.
70—		
548a 4	Sigismundus — extinguit	G. F. 20. 22
6—29	Hic — decoravit	P. D. I. 25.
29—37	Hujus — succedit	L. P. I. 199. 201. 204. 212.
37—40	Per idem — habuit	P. D. I. 27
40—45	Childebertus — regnat	G. F. cap. 23. 24.
47—48	Narses — occidit	B. 192.
48—50	Idem — interfecit	P. D. II, 2
51—52	Narses — premeret	B. 192.
52—58	et statim — posset	P. D. II. 5
58—60	statimque — Italiam	B. 192
60	Johannes — regit	L. P. I. 226
61—69	Childebertus — construxit	G. F. 26.
70—71	Albuinus — praefecit	P. D. II. 9
71—		
548b 15	Theodebertus — statuit	G. F. 26. 28. cf. P. D. II. 10
15—18	Huni — superavit	P. D. II. 10
18—21	Hic — accepit	G. F. 31
21	de qua — suscepit	P. D. II. 10
22—27	Hercsbertus — sepelitur	G. F. 30
27—28	regnum — arripuit	Selbst. cf. p. 63
28—57	Hcilpericus — jubet	G. F. 31—33
57—60	Narses — perlatum est	P. D. II. 11
60—61	Benedictus — gubernat	L. P. I. 230

548b 61– 549a 19	Fortunatus — compulit	P. D. II. 13. 14. 25–30. III. 1. 3. 4
21—54	Hic — progredi	P. D. III. 12. 13. 20
54 65 67—	Helpericus — Dagobertum	G. F. 34, 35
549b 34	Hunc Tiberius — convertit	P. D. III. 15—17. 51. 23—25
34 - 39	Ragaretus — baptizatur	B. 193
40 - 44	Gregorius — dirigit	2 Briefe Gregors I. cf. p. 55
45 - 50	Mauritius — attritae sunt	P. D. III 28
50 - 51	Abrincatis — nitescit	? cf. p. 69
52 — 550a 15	Flavius — comparari	P. D III. 29. 30. II. 7. III. 33
15— 19	Nec post — obtinuerunt	G. F. 35. 36. 37
20 — 25	Per idem — quievit	Vita S. Goaris
26 —49	Circa — tenens	G. F. 35 - 37. cf. p. 69
49—57	His — monachorum	Vita S. Columbani
57—74	Per idem — occiditur	P. D. III. 3. 4. IV. 8. 5. 6. 14. 17
550b 2—4	Hujus — successit	B. 194. P. D. IV. 30
4	quo — constituitur	L. P. I. 236
4—7	Hic — scribebat	B. 194 cf. P. D. IV. 37
8—9	Hic — consecratur	L. P. I 236. 238
10—13	Hic — imperator	P. D. IV. 37. cf. B. 194. 172
13—14	post sublimatur	L. P. I. 239
14 - 15	Eleutherius — tyrannum	P. D. IV. 35
16—21	Persae — 70	B. 194—195
22 - 36	In Francia — discerpitur	G. F. 38—40. Vita Columbani
36—37	Agilulfus — stabilitur	P. D. IV. 43
39—42	Qui — restituit	Ado XVIII Kal. Oct.
43—44	Bonifacius — ecclesiam	L. P. I. 241. 243. 248. 251
45—49	Heduinus — facit	B. 195
50 - 53	Per idem — extitit	P. D. VI. 16
53—69	Huic dirigitur	G. D. cap. 2. 6. 7—11. 14
70—71	et sancti — commendatur	? cf. p. 69
71—72	Rodoaldo — praeficitur	P. D. IV. 44
551a 1 - 4	Cyrus — condemnati sunt	B. 196
5 — 11	Dagobertus perimeret	G. D. 14. 1
12—19	Circa haec — disputavit	? cf. p. 70
20 28	Post — repedavit	P. D. IV. 52
31—45	Pyrri - fulget	B. 196. 197
45 - 46	Eugenius subrogatur	L. P. I. 265. 267
47 48	Rothario obtinuit	P. D. IV. 53
48—56	per id tempus - concessit	G. D. 15. 16
56 - 68	Grimaldus — describit	P. D. V. 2. 30
69 — 551b 29	His diebus — reversi sunt	P. D. V. 6—9. 11
32 - 33	Donus — ordinatur	L. P. I. 275
33 - 57	Constantinus — interirent	P. D. VI 4. 5
58 — 552a 1	Per id — Sigibertus	G. D. 21. 22. 24
1 2	Arnulfus - habentur	V. Arnulfi ? cf. p. 69
2 —15	Eo anno — transit	G. D. 24. 25
16—26	Grimaldus — facit	P. D. V. 32. 33. 35
26—27	Agathone — ordinatur	L. P. I. 287. 292
32—47	Dagobertus — dedit	G. D. 27. 36. 28. 29.

552a		
47 - 48	Edildrudis — habetur	B 199
49—52	Gens — prostravit	P. D. VI. 10
54 - 55	Johannes — ecclesiam	L. P. I. 295. 298. 302
55—57	Kylianus — clarescit	? cf. p. 68
57—69	Justinianus — interficit	P. D. VI. 11. V. 38—41
69 —		
552b 15.	Dagobertus — administrat	G. D. 31. 32. 43. 46. 47
16—20	Circa — absportant	P. D. VI, 2
20—24	Corpus — conditum	Ado V. Id. Jul.
25—30	Rege — obtinuit	P. D. VI. 17 22
31—34	Leo — rexit	P. D. VI. 12.
34 · 39	Sergius — habetur	B. 200
39—41	in Galliis — habentur	? cf. p. 69
41 - 46	His etiam — dirigitur	B. 200
48—50	Hic contra — tenuit	P. D. IV. 13
50—55	Gisulfus — Johannes	B. 201
56—59	Ludovicus — finivit	G. D. 52
59—67	Hoc tempore — genuit	P. D. VI. 14
68—72	Ea aetate — occiditur	V. S. Landeberti
553a		
2 - 9	Hic — constituit	P. D. VI. 31
9—10	Sisinnius — ecclesiam	L. P. I. 321. II 1
10—47	Hunc — suscepit	P. D. VI. 31. 32. 35. 42
49—57	Hic — privavit	P. D. VI. 34
59—68	Hic — extitit	P. D. VI. 34. 39. 40.
68—72	Gregorius — illustravit	L. P. II. 16
72 —		
553b 3	Carolus — vicit	Annales. cf. p. 65 ff.
4 - 11	Anastasius — ordinari	P. D. VI 36. cf. p. 70
13 21	Hic — conjungerent	P. D. VI. 36
23—35	His — destruxit	P. D. VI. 47—49
36—42	Carolus - 17. anno	Ann.
42—51	Sarraceni — Francis	P. D. VI. 46
51—53	ut — continetur	L. P. II. 25
54 —		
554a 4	Ea tempestate — remisit	P. D. 49—53. L. P. II. 33
5 - 9	Carolus — dimicavit	Ann.
10—21	Anno — aufugit	P. D. VI. 54. Zahlangaben aus Ann.
22—23	Anno — moritur	Ann.
24—32	Fuit — respondeant	Selbständig
33—		
554b 50	Beatus — 14	Papstcatalog
51 —		
555a 5	Fit — primus	Selbständig

Anhang II.

Emendationen zu Reginos Chronik (—841[1]).

		Für:	Lies:
544a			
	31	Lisanam	Lisaniam (M. 2. 3. 5a)
	35	26 (3)	23 (M. 2. 5a)
	65*	annos 4	annos 3 (cf. p. 37 Anm. 1)
	67	17	16 (M. 2. 3. 5a)
	70	43	44 (M. 2. 3. 5a)
544b			
	12	Barnabam	Barnabam, *in opus* (*ad*) *quod elegi eos* (M. 5a)
18. 21. 30		13 (2)	14 (M. 3. 5a)
	44*	63	65 (cf. p. 44 A. 3)
	55—57	Mediolanis Nazarius et Celsus apud Miceriam Aquileja Hermagoras episcopus, Fortunatus diaconus, Foelix cum Constantia (2. 3. Marian. Scot. Ann. Reichersp. haben die falsche Stellung)	Mediolanis Nazarius et Celsus, *Gervasius et Protasius sub Anulino praefecto*; apud Nuceriam Felix cum Constantia. Apud Aquilejam Hermagoras episcopus. (M.)
545a			
	10—11	Victorinus et Maro apud Am. urbem, Victorinus episcopus . . .	Victorinus et Maro, apud Am. urbem Victorinus episcopus . . . (M.)
	13	5	6 (M. 2. 3)
	20	quartus (2)	quintus (M. 3)
	36	Suppio (2)	Sub Pio (M. 3)
	61	exprimi (2)	exprimere (M. 3)
	65	sub Pio aut sub Commodo	sub Pio *aut sub Vero* aut sub Commodo (M. 2. 3. 5a)
	74	pater (p̄r 2)	presbyter (M. 3)
545b			
	2—3	Leonidas . . . coronatur apud Carthaginem, Perpetua	Leonidas . . . coronatur, apud Carthaginem Perpetua (M. 2. 3)
	21	Potianus (2)	Pontianus (M. 3)
	45—51	Egen Pamphiliae, Nestor episcopus in Corduba civitate, Parmenius presbyter cum sociis apud Circensem Coloniam, Marianus et Jacobus in Tyro, Anatholia et Audax apud Africam, Ne-	Pergen Pamphiliae Nestor episcopus, in Corduba civitate Parmenius presbyter cum sociis, apud Circensem Coloniam Marianus et Jacobus, in Tyro Anatholia et Audax, apud Africam Ne-

---

[1]) Die Emendationen sind mit besonderer Rücksicht auf Reginos Quellen gemacht. Einige Besserungsvorschläge ohne handschriftliche Belege habe ich durch * bezeichnet. 4 = Ann. Mettenses. 8 = Annalista Saxo.

	mesianus et Felix, Rogantianus (2) presbyter et Felicissimus cum multis aliis, Antiochiae, Asclepiades episcopus	mesianus et Felix, Rogatianus presbyter et Felicissimus cum multis aliis, Antiochiae Asclepiades episcopus (M. 2. 3)
545b 61—63	Olympius in Ispania urbe Terragonae. Verona Zenon episcopus, et confessor Fructuosus episcopus (Stellung wie 2. 3)	Olympius. Verona Zenon episcopus [et confessor 3]; in Hispania urbe Tarracone Fructuosus episcopus (M.)
65—66	Artemius apud Africam civitatem, Tuburno Lucernariae, Maxin ..	Artemius, apud. Africae civitatem Tuburno lucernariae Maxima .. (M. 2. 3)[1]
67	Privatus episcopus; Theodorus (2. 3)	Privatus episcopus. Apud Carthaginem Cyprianus episcopus. Theodorus (M)
546a 6	Mandalia (3)	Mandalis (Mandalio M)
	Linguiri	Lingonis (M)
	Leonio (2)	Iconio (M)
30	Maximiano (2)	Maximino (M. 3)
32	Gajus papa; Cyriacus (2. 3)	Gajus papa, Marcellus papa, Marcellinus papa, Ciriacus (M)
50	Cucumis (2. 3)	Cumis (M)
51	Peneleus, atque episcopi (2)	Pelenus atque Linus episcopi (M. 3)
54	Johannes Adrianus	Johannes, Adrianus[2])
61	Augustam Afra, in Rhetia provincia (2. 3)	Augustam Rhetiae Afra cum matre sua Hilaria (M. 5a)
66—67	In Neapoli Campaniae Januarius episcopus, Beneventanus, Sosius diaconi; Mesenate civitate Faustus et Desyderius	In N. Camp. J. episcopus Beneventanus [Beneventanae episcopus 3], Sosius diaconus Mesenatae civitatis [in Mesenatae civitate M.], Faustus et Desiderius (M. 3)
69 f.	Evilasius, Agauno, Mauritius	Evilasius, Agauno Mauricius (M. 2. 3. 5a)
546b 3	Victor (M. 2)	Victor et Ursous (3)
9—10	in Scithia metropoli Frigia Salaria Mennas (3)	in Sithia metropoli Frigiae salutariae Mennas (M)
11	Colonia virgo	Colonia Crispina virgo (M. 3)
26	... unus mensis. (2. 3)	... unus mensis [Treviris sanctus Agricius confessor et episcopus insignis effulsit, qui beatum Maximinum dignum sibi instituit successorum M. 7. 9]
36	295 (2)	292 (3. cf. p. 39 A. 1)
37	27 (2)	24 (3)
52—53	etiam ultra christianum nomen mutando, exilio fatigatur	etiam ultra christianum nomen, mutando exilia, fatigatur. (cf. p. 19 A. 1)

---

[1]) Hiernach ist auch die Interpunction bei Marianus Scotus M. SS. V. p. 521 zu bessern.

[2]) Ebenso in Mar. Scot. M. SS. V. 524.

546b 59	Pigmus	Pigmenius (2. 5a.)
62—63*	Hilarianus Jerosolimorum episcopus, Quiriacus et Judas (3)	Hilarianus, Hierosolymorum episcopus Quiriacus qui et Judas (cf. p. 52 f)
547a		
19*	5 (2. 3)	6 (B. p. 185)
27*	15 (2)	13 (B. p. 185)
38	invadit anno 7. Honorii.	invadit. Anno 7 Honorii .. (2. 3)
43*	50 (3)	56 (cf. p. 43 A. 5)
51	Xistus	Celestinus et Xistus (5a. Celitus Xixtus 2. Celiocistus 3)
53*	ad quem	qui (cf. p. 70 A. 2)
70	occiditur apud Arelatum .	occiditur. Apud Arelatum .. (2. 3)
547b 43*	12 (2)	15 (G. F. cap. 15. „11"—3)
548a 46	Justinianus	Justinus (2. 3)
548b 63	qui Duplalis dictus fuit (2)	qui dicitur Duplalis, fuit .. (3)
549a 67	20 (2)	21 (3)
549b 55	ad bellandum Langobardorum aciem	ad debellandam Langobardorum aciem (2. 3.)
550a 73	a Focato (affocato 2)	a Foca (3. 5a)
550b 5	Focatum (focatem 2)	Focam (3. 5a.)
551a 23*	Augusto (2. 3)	Augusta (P. D. IV. 52)
29	Constantius	Constantinus (2. 3)
36	Constantii	Constantini (2. 3)
551b 63	qui major domus dicitur (2)	majoris domus (3)
552a 53*	612	622 (cf. p. 39 A. 2)
553a 66	centum (2)	centum fere (3)
553b 68	incendio concremavit	in media civitate [incendio 3] concremavit (2.3)
554	Papstcatalog	cf. p. 56 ff.
555a 33	mundum	seculum (2. 3)
555b 13	motus	nil motus (M. 3. 4. 8. 5a)
26	valde (4) -	felle (M. 3. 8)
55	chronica	chronicam (M. 3)
556a 26	Stephanus (2. 3)	Eodem anno Stephanus (M)
71	tota (8)	nota (M. 2. 3)
556b 1	tunc (M. 2)	tertium (3. Die Quelle, epist. Stephani, hat ter)
21	Idus (2)	Kalendas (M. 3. 8)
557b 14	8. Id (2)	8. Kal. (M. 3. 8)
23	Coloniensem (colonensem 2. 3)	Ecolensinam (M. 8)
558b 2	simul	similiter (3. 8)
559a 20*	Ibina, Larabi et filius Devizefi, qui jam Joseph (3)	Ibinalarabi et filius Dejuzefi qui latine Joseph (cf. p. 74)
44	Duriam	Duciam (M. 3. 4)
559b 20	magistro (3)	magistro pincernarum (M. 3. 8. 5a)
34	Hosmundi	Hosmundus (M. 3. 8. 5a)
560b 7	facta (2. 3)	ficta (M. 4. 8. 5a)
57	Dei suis	Dei et suis (M. 2. 3. 4. 8. 5a
561a 42	ex utraque ripae parte (4)	ex utraque ripa (2. 3.)[1]

[1]) M. hat „ex utraque vel ripa". parte.

561b 1	conscripserunt (2. 3)	subscripserunt (M. 4. 8. 5a)
9	in loco Finisfelt (2. 3)	in loco qui dicitur Finis felt (M. 4. 8. 5a)
23	Abrotidorum (8)	Abotridorum (M. Abodritorum 4. 8)
	Ebenso 563b 16. 564b 22. 28	29. 42. 44. 565a 29. 40. 54.
38*	qui eum (2)	quietum (cf. p. 16. Anm.4)
73	Ibin magni (3. ibi imagnae 2)	Ibin magae (M. 4. 8. cf. p. 74)
562a 69	cum esset comes	comes (M. 3. 4)
562b 56	Petri (2)	Petri apostoli (M. 3. 4. 8)
563a 10	numiculator (3)	nomenculator (M. nomenclator Ann. Laur)
13	rebus et negotiis (3)	et privatis negotiis (M. 8. 5a)
15	4 (3. 4. 8)	7 (M. 5a)
26	Amirmulin (3)	Amirmunmilin (M. 4. 8. 5a cf. p. 74)
31	possidebat	praesidebat (3. 4. 8)
61	ambulator	amhulat (M. vgl. p. 74)
563b 14	Wibmohdi (2. 3)	Wihmodı (M. 5a)
54	Letho (2. 3)	Lecho (M. 8)
564a 22	annos IV (4)	ante IV annos (3. 8. ante annos IV M. ante IV 2)
24	ac	ad (M. 2. 3. 4. 8)
564b 35	Hilinones (2. 3)	in Linones (M. 4. 8)
43	corpus (2. corpori 3)	copiis (M. 4. 8)
61	moratur (2)	moraretur (M. 3. 4. 8)
565b 55	5 (2. 3)	7 (M. 4. 8)
56	9	18 (8. „19" M. 2. 4)
57	et Abdiraman filius	ab Abdiraman filio (M. 4. 8)
566a 59—60	conscriptum pactum ab eo in ecclesia susceperunt.	cum scriptum pacti ab eo in ecclesia suscepissent. (M. 4. 8. cf. p. 19 A. 1)

Druckfehler.

pag. 4. C. 12. Für „orignalen" lies „originalen"
 „ 12. „ 13. „ „ist" „ „sind"
 „ 17. „ 25. Streiche „566a 18"
 „ 22. „ 37. „ „nur',